U0561779

松浦弥太郎的
基本工作信条

打工人的
自我修养

［日］松浦弥太郎 —— 著

王歆慧 —— 译

北京时代华文书局

图书在版编目（CIP）数据

打工人的自我修养：松浦弥太郎的基本工作信条 /（日）松浦弥太郎著；
王歆慧译 . — 北京：北京时代华文书局，2021.10
  ISBN 978-7-5699-4372-6

  Ⅰ . ①打… Ⅱ . ①松… ②王… Ⅲ . ①工作方法－通俗读物
Ⅳ . ① B026-49

中国版本图书馆 CIP 数据核字（2021）第 173062 号

北京市版权局著作权合同登记号 图字 01-2019-4901

打 工 人 的 自 我 修 养 ： 松 浦 弥 太 郎 的 基 本 工 作 信 条
DAGONGREN DE ZIWO XIUYANG SONGPU MITAILANG DE JIBEN GONGZUO XINTIAO

著　　者丨[日]松浦弥太郎
译　　者丨王歆慧

出 版 人丨陈　涛
策划编辑丨胡　家　关菊月
责任编辑丨田晓辰
责任校对丨陈冬梅
装帧设计丨王柿原
版式设计丨段文辉
责任印制丨訾　敬

出版发行丨北京时代华文书局 http://www.bjsdsj.com.cn
　　　　　北京市东城区安定门外大街 138 号皇城国际大厦 A 座 8 楼
　　　　　邮编：100011　电话：010-64267120　64267397
印　　刷丨三河市嘉科万达彩色印刷有限公司　　电话：0316-3156777
　　　　　（如发现印装质量问题，请与印刷厂联系调换）
开　　本丨880mm×1230mm　1/32　印　张丨6　字　数丨100 千字
版　　次丨2021 年 11 月第 1 版　　印　次丨2021 年 11 月第 1 次印刷
书　　号丨ISBN 978-7-5699-4372-6
定　　价丨49.80 元

目录

序 章

第一部分·"HELLO"之章

序　章

·

学英语、法语、中文

思考一个问题

世界正在信息化、全球化。人、物资、文化等可以自由地跨越国界，世界变得一体化，我们需要拥有国际化的眼界。

无论我们身在何处，都可以实现精神和经济的独立，并且按照自己的方式工作。这种崭新的生活方式在各行各业中都变得越来越重要。

我会思考一个问题：我现在拥有的技能与经验，**一旦走出公司大门，还能够像现在一样行得通吗？** 从目前来看，包括我本人在内，很少考虑这个问题。从大众层面说，已经有越来越多的人，在某些场合被动地意识到"自己是井底之蛙"的事实。

或许会有人争辩："这些和我无关。我的能力还不错，能与周围的同事很好地相处，只要继续在当前的职位上工作就没问题。"如果你真的怀有这样的想法，说明你的思考或许过于天真，或许已经过时。

我之所以这么认为，是因为呼吁"全球标准"的全球化浪潮不仅侵袭了日本，还席卷了全世界。

现在，有必要重新评估自己的能力，使自己的工作能力在全世界通用。我们必须追问自己：**作为一枚小小的齿轮，或是作为社会的道具，今后真的能在社会上发挥自己的作用吗？** 真的能被需要吗？能为公司以及社会做贡献吗？然后自己得出结论。显而易见的是，传统工作模式正在逐渐失去原有的效果。在进行一个项目时，团队成员间的合作是有必要的。每个人都需要根据自己的立场提出纯粹的创意，如有必要，展开一场客观且合乎逻辑的辩论，从而更用心地经营一个创意也是常见的。我认为这个过程有助于项目的成功。

在这个过程中，每个成员都必须具有高度专业化的知识技能和沟通技巧。

在此我使用了"成员"一词。但准确来说，不仅应称为"成员"，而且还应称为"球员"。每个人都认识到自己是组成球队的一个球员，站在自己的位置上对职务负责任。这套理论也可以应用于个人与公司之间的关系上。

—————— 思考要诀 ——————

· 尝试重新评估自己的能力，能否适用于更广泛的全世界范围。

· 做"球员"而不是"成员"。

越是遇到危机，越能获得机会

商业环境正在以惊人的速度不断变化。我们必须跟随这些变化不断地努力提高工作质量，日复一日地坚持积累更新。这并不容易。若是不这么做，便无法在这个复杂的社会中获得生存下去的技能。

我想让大家懂得一个道理：如果你安于现状，便是在浪费时间，等你注意到这个问题，为时已晚。不需要因为自己暂时没有足够的能力而放弃一件事情。当你决定出发，就要踏出第一步。从小事开始也无妨，只要踏上起点，你就非常了不起了。

如果目光仅仅停留在熟悉的事物上，那么便会永远待在狭窄的范围之内，无法动弹。要站在更广阔的角度看世界，并构想自己站在广袤世界中的模样。

我发现我主页的访问者有一大半都来自国

外。我认为这是中文译本著作带来的影响。有许多来自亚洲，尤其是中国的各个城市，台北读者居多，北京读者的数量紧随其后。

这个现象给我留下了这样的印象：国与国之间的边界在他们眼里几乎是不存在的，他们几乎将社交网站完全融入了自己的生活。对于自己感兴趣的人物和事件，通过社交网站来获取信息，积极地获取、学习知识和技能。

然而，看看社交网站在日本的使用情况，我产生了未曾有过的感觉，我缺乏全球化的视野和发现不同特质的精神。至少现在我应该和更多人分享。

正如美国前总统肯尼迪在20世纪60年代说过的一句名言："危机"是由两个汉字组成的，有两重含义，一重是"危险"，一重是"机会"。也就是说，有些事情只有当一个国家处于经济萧条的危险状态才能做到并且能够将危机转换成机会。我正在思考要怎样踏出第一步。

从全球化的角度来看，如果你意识到自己目前有很大的机会在世界各地（包括日本）大展身手，那么最为重要的准备工作就是努力掌握自己的个性特征、思考方式、学习习惯，以便与各个国家的人并驾齐驱。从某种意义上来说，我认为这是一种"全新的基础"。

在准备阶段，具备英语能力是一个基本条件。条件允许的话，要每天接触英语，要有意识地去创造与英语母语者交谈的机会。

此外，若要使用英文邮件与外国人交流，我们必须具有简洁叙事的写作能力和逻辑思维能力。这是大家在学会英语之前就应该掌握的一项技能。我将会在本书第二部分"BOUJOUR"（"你好"）之章中详细介绍这种写作能力和逻辑思维能力。

掌握母语是理所当然的事情。此外，我们还必须掌握英语的听说读写能力。

面对现状，我们要通过提出疑问、与他人分享危机意识来踏出新的一步。

————————— **思考要诀** —————————

· 随着商业环境的巨变，一个人最重要
的能力便是行动力——"决定做就马
上去做"。

· "全新的基础"可以让我们获得与来
自不同国家的人并驾齐驱的能力，并
且能够获得独特的个性和思维方式。

经历各种场面都不怕的秘诀

我在国外有许多熟人，经常有机会与他们互动。大多数熟人居住在纽约、旧金山、巴黎和中国的上海、台湾。他们会来日本见我，我也会出国去见他们。

与朋友们交流时，我主要使用英语。而我的中国朋友非常勤学好问，总是在不停地学习。其中一位受过良好的教育，精通多门语言，不仅会说英语，还会说日语和法语等。另外，很多美国和法国的友人，除了母语以外，也掌握了几门外语，能在日常交流中使用自如。

每次与这些朋友，特别是居住在巴黎、上海和台湾的朋友交流时，我都想使用他们的母语，而非英语，进行深入的交谈。

未来，我们不仅要掌握现今世界的通用语言——英语，至少还要分别掌握一门欧洲、亚洲语言，这将为我们增添巨大的优势。

今后，我认为要以英语为基础，进一步学习法语和中文，不仅要提高对话能力，还要提高阅读和写作能力。这对我们日本人而言，是一项非常重要的任务。

例如当你去欧洲时，可能会遇到英语不通用、必须说法语的情况。当然，如果要去意大利或西班牙，就可能必须用意大利语或西班牙语进行沟通。而当你到了意大利北部和西班牙北部以及瑞士附近旅行时，一定会遇到可以用法语交流的人。

曾经属于"欧洲圈"贵族阶层的人自然会说法语。毕竟，说法语在过去的欧洲具有重要的意义。

当我去巴黎时，深切地感受到一个事实：如果你想认真地和一个法国人交流，除非用他们的母语法语，否则绝对没办法顺利地交流。

在商务交流的过程中，我们可以只使用英语来舌战群儒。但是当你和法国人深交，对方一定会邀请你到自己家里吃饭。通常，法国人会一边展开知性且具有文化氛围的交谈，一边用餐，时间长达三个小时。每逢这种场合，我便会前所未有地希望自己的法语能够更上一层楼。

与喜欢逻辑思维的法国人的对话，常常能够演变成辩论。我一边享用法国的家常菜，一边期望着能够与他们势均力敌地辩论。

当然，如果你打算在法国生活、工作，必须掌握法语的听说读写技能，否则便无法被法国人真正地接受，从而被一直当成"外国人"来对待。我感受过这种气氛。

亚洲发展迅速，在世界上的地位也日渐提高。我特别在意说中文的国家和地区，因此现在正在学习标准的普通话。如前文所述，我本身就有很多中国朋友，因此非常需要学习中文，我对中国的历史、哲学和独到的审美情有独钟。

我有许多中国朋友都能说流利的日语，但他们总是使用英语与我交流。尽管如此，我的目标依然是使用中文与中国友人进行内容充实的交流。我将会在后文提到我每周都会上一次中文课和法语课的经历。

我想学会英语、法语、中文这三种语言，同时也要学习这三个国家的知识、礼仪，以及其他好的方面，成为这个时代独有的"国际人类"。如此一来，那么无论身在何处，都能在那里找到工作，生活下去。并且，我认为学习这些语言圈的文化和历史，对我们的工作和生活都具有非常重要的意义。总之，我想表达的意见就是：只要掌握这三种语言，**经历各种场面都不怕**。

———————— 思考要诀 ————————

· 与外国人互动时，请尝试用他们的母语进行交流。

· 如果你掌握了英语、法语和中文这三种语言，那么无论身在何处，都能在那里找到工作，生活下去。

以国际化的姿态站上起点

独特风格是一个人的优势

至于如何与国际友人深入交流、共同工作生活，我认为最关键的是要思考"我们日本人的优点究竟是什么"。我们**要将寻找优点的过程当作一门课程**，全身心投入其中。

要实现这个目标，就需要尝试自问自答，并且考虑如何构建自己的个人优势。

在此基础上，通过学习英语来逐步学习美国人的优点。如果你在学习法语，也要逐步学习法国人的优点。我认为一个人必须具有这样的意识，才能以国际化的姿态站上起点。

学习语言的目标并非仅仅记住单词或语法，从一个人身上将信息传递给另一个人。通过了解语言文化的背景，同时测量与谈话对象的距离感，逐步建立起自己期望的关系。就像投球接球或是下国际象棋一样，互相碰撞，通过这样的经历来拓宽视野，扩大一个人的器量。我认为这是一种学问，也是一个学习的过程。

假设我有一位出生于美国中西部、长期居住在旧金山弯区的朋友，若是我问他的个体同一性在何处，他一定会这样回答我："答案可来自多种角度。例如出生成长的地区、毕业的大学和商学院、工作经历、居住的小区等。当然，我首先会站在美国人的角度来思考这个问题。就个人而言，我也受到了自己父母居住的地区以及自己上过的学校的影响。从这层意义上来看，我受到了自己根基的积极影响。自那以后，我长期居住在旧金山，也深受当地影响。"

十八岁那年，我离开日本前往美国旧金山，那里有许多移民。而整个加利福尼亚州大约有30%的居民都来自国外。

当时，我并没有考虑过个体同一性问题，但

是感觉到了包括我在内，这里有许许多多不想被周围的规矩束缚，想要自由生活的人。正因为处于流动性较大的环境，我才找到了重新构筑自己的个体同一性的机会。

这类人在家庭、学校、社区成长的过程中，总是被要求自己做决定。他们受到的教育与日本那种必须得到成年人的指示才能行动的模式完全不同。

英国从很多年前就开始在母语教学中采用辩论的训练方式。此外，在法国，当地人非常重视人的个性，在学校以自己写的作文和自由研究来进行辩论，从小就开始掌握全面的逻辑思维。

若是你自己尚未构建好个体同一性，并且不具有独特的风格，那么只会随波逐流，迷失自我，从而无法和他们一同在这样的社会和文化之中生活下去。

在日本，与这类人进行日常接触，也有必要充分地理解他们对于社会和文化的看法。

可以说，上述经历是我在美国旅居时学到的经验教训。我从未适应过现代日本社会，于是通过各种经历和书籍，被美国自由的精神吸引，决定从此离开日本，因此踏上了旧金山的土地。

处于十六岁到二十五岁之间，任何人都会在内心寻找自我。为此，很多人都会沉迷先进的思想和知识，请前往世界各地旅行吧。

就我而言，青春期向往的地方便是美国。尽管我储备了一些知识，但直到实际接触到美国社会及其精神文化，结识了各种各样的人，为了生存下去，我才像海绵吸水似的贪婪地吸收了大量智慧和知识。

那时候的我没有自己的人生哲学或是理念，在一片空白的状态下接触美国文化，与拥有独特个性的美国人交流后，发现他们特别帅气，便涌起了憧憬之情。由于当年我还是一张白纸，在与当地人接触的过程中，总是模仿他们的生活方式。现在，回顾过往，那些日子为我积累了很好的经验。

与此同时，我也得到了不少教训。当我总是被要求展现出自己的个性时，我发现日本人的性格特征——严于律己、准则明确——是一个非常大的优势。若非如此，我会像待在美国的某个时期一样，完全被那个国家的社会、文化和人民影响，最终迷失自己。

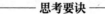 **思考要诀**

- 自问自答自己的个体同一性在何处，并思考构建个体同一性的方法。
- 深深扎根在内心的严于律己、准则明确是自身的一大优点。

一个人若不知道目的地在何方，
就永远不会顺风顺水

当下，不仅我们能出国学习、工作、游玩，同样也有很多人可以从国外来日本。日本国内企业的经营方式也有采用欧美风格的趋势。即使你公司的直属上司或是高层突然从日本人变为欧美人或亚洲其他国家的人，也不奇怪。

但是，这并不意味着我们要对这种现象持否定态度。欧美人和日本人以外的亚洲人基本上都持有积极的工作态度，并且吃苦耐劳。只是我们不能罔顾文化背景而对所有人一概而论。一开始与这些人接触，或许常常会感到困惑，被对方的气势压倒，或是陷入混乱状态，但我认为，我们能够从拥有不同文化和价值观的人身上学到许多能促进自己成长的经验。

当一个人陷入困境时，才能有机会从中学习新的知识。遇到困难时，不要夹起尾巴逃走，而是努力面对现实，绞尽脑汁思考解决的办法，不断挑战，积累经验，学习知识。

不要在意他人的看法，通过自己的努力摆脱困境。即使过程不顺利，即使出丑，也能够获得很好的经验，增加自身的可能性。有时候，我认为眼前的困境能够促使自己主动去寻找明确的自我。这或许也能够将自己引上专业的道路。

我在2013年的目标是将已经出版的作品译成英文，将目前为止写的随笔全部译成英文。我在思考，不知道我能译出怎样的水平，我的译文能够让世界上多少读者看得懂。我能通过译文与外国读者进行怎样的交流呢？我想先挑战用电子版的形式发行我的作品。

目前，虽然电子版译文没有出版，但我认为只要准备好一切，就能通过社交网络将自己写的随笔和短篇小说发送到网上。由此，一定能有所收获。

现在，人们的意识正在广泛地走向世界。而人们前往的目的地存在着大量的获得成功的机会。正如古罗马哲学家塞涅卡所言："一个人如果不知道自己的船驶向哪个港口，那么对他来说，也就无所谓顺风不顺风。"

在一个真正迈向全球化的社会之中，人们需要与全世界更积极地交流。

───────── 思考要诀 ─────────

· 遇到困难时，才有机会从中学习新的知识。不要夹起尾巴逃走，努力面对现实，绞尽脑汁思考解决的办法。

· 不在乎他人的目光，奋不顾身地跳入未知的世界，就能增加一个人的可能性。

为了掌握丰富多彩且
具有较高实用性的技能

一个人若是不了解自己，便很难理解他人

迄今为止，我一直在通过学习英语来学习美国人民的开拓精神和传统的价值观。我特别想深入了解并学习美国人良好的道德规范。

我与来自国外的人打交道时，常常惊讶地发现一个事实：许多外国友人比日本人更精通日本的美学（了解美的思维方式）和文化思想。

一个人若是不了解自己，便很难理解他人，因此无法采取适合现场情况的行动。我认为，日

本人应该重新学习日本人独特的审美感和审美意识，并深入挖掘这些浸润自己内心的文化思想。

与外国人赤诚相对，就能拥有各种各样的相遇和发现。此时，最重要的是能够坚定地认可自己日本人的身份。我认为只要能够确定这一点，就能对日本有真正的认识。

我列出了十条日本的传统价值观和日本人的美德，并附上我的理解。

一、武士道

这是一种哲学，目的是教导人们带着慈爱的精神，为了整个社会而努力生活。学习武士道精神，与寻回现代日本人已经丧失的道德息息相关。

二、积德

所谓"德"，便是无偿地爱和照拂他人的想法，是一个人生活下去所需要的基本思维方式，也是人的一种行动模式。在老子的道家思想中，"德"是对"道"的修习，而"道"则是创造自然万物的基础。在孔子宣扬的儒家思想中，

"德"也是一种非常重要的概念，从人类的道德演变而来，并成为古代中国的治国原则。

三、侘寂

侘寂与豪华绚烂完全相反，是对事物有着特殊平衡感的日本人独有的精神。

四、情义和人情

意为在人际关系之中通情达理。不忘关照过自己的人给予的恩情，用礼物和道义予以报答。这就是关怀和慈爱的精神。

五、体贴通达

首先是人格魅力，其次是丰富的想象力和关怀。

六、知足

意为只需要很少的东西就能得到满足，对某种事物感到满足并充满感谢之情，来自道家思想。这个教诲的关键在于准确掂量自己的分量。

七、谦逊

一个人即使日复一日地付出巨大的努力，还是会遇到无人欣赏的情况。然而，与其表现出气愤的情绪，不如保持谦虚的情绪，诚实地表现出内心想法。成功孕育于这份淡定自如。

八、无常

我们日本人能够从无常中感受并理解到美感。正如《徒然草》中写的那样，人类难以逃脱无常的悲伤。当我们观赏放置在房间一角的插画时，就能感受到无常。日渐枯萎的花朵能够表现出不包含绝望的悲伤。

九、改善自我的精神

这是至今为止日本人仍未改变的独特的精神。无论面对任何事情都不满足于现状，时刻想要做得更好，可谓日本人特有的积极精神。

十、志向

无论对于任何事情都拥有自己的志向。这是为了实现内心真实的目标，也是为了对其他人或整个公司有所贡献。

在这十条中，有的概念受到了中国古代哲学的影响，或是常常在希腊哲学等领域成为辩论的对象。尽管如此，日本人民还是感受着日本这个国家的四季轮换，在精神土壤中实现了自我发展，形成或是酿成了日本人的心理状态。我认为，这十条便可以说是日本人独特的价值观和美德。

你若是对其中任何一项产生了同感，那么不妨将它作为自己的准则吧。

重要的是，你需要再次实际体会到自己的身份是一名日本人。

我曾充分学习过国外的文化，我也对日本的文化和思想感到非常自豪。我曾思考过我们日本人的美德是什么。作为一名日本人，知道答案是非常重要的。

———————— 思考要诀 ————————

· 通过与外国人的交流，确认自己日本
  人的身份。

· 通过与来自国外的人互动，我们才能
  够产生身为日本人的觉悟。

第一部分
"HELLO" 之章

向美国人学习
人际关系的
基本原则

美国的土壤，支持拥有挑战精神的人

得遇贵人

二十岁出头的时候，我在纽约定居。早在年满十八岁时，我为了摸索属于自己的生活和个性，来到美国。在何谓"自由"、作为一名日本人如何与社会接触等问题上，我认为自身已经从概念和实践的方面掌握了答案。

现在回顾过去的种种，如同呼吸一般，我非常自然地掌握了所有问题的答案。可以说，有幸与某一个人的相遇，在寻找自我的过程中起到了非常大的作用。S先生早已年过八十，我现在依然与他保持往来，无论时光荏苒，岁月变迁，他永远都是我"美国父亲"一般的存在。

S先生的独生子来自宾夕法尼亚州，他是我在纽约的第一位朋友，并把我介绍给他父亲。S先生的独生子比我大四岁，目前在MoMA（Museum of Modern Art，纽约现代艺术博物馆）担任设计总监。

初次见面时，这位朋友还是一名自由职业者，后来进入MoMA，起初担任的职位是艺术博物馆内特产店的售货员。

他居住在曼哈顿东38街的顶层豪华公寓。在电梯按钮上面看见"PH"时，我想起来这是"penthouse"（顶层豪华公寓）的缩写。

这位朋友为人生地不熟、在纽约居无定所的我准备了一个房间，并且一到周末，就会带我回到他位于宾夕法尼亚州的老家。我经常去宾夕法尼亚州玩，我们乘坐电车需要一个多小时，感觉像是一场小小的旅行。当时，这位朋友如同真正的亲人一般无微不至地关照我，至今我依然非常感激。

而他的父亲S先生也是一位非常了不起的人物。S先生夫妇两人住在一栋仿若白宫的豪宅之中，S先生经营着房地产生意，早已功成名就。

每个周末，他都会盛情招待与他儿子一同回到家里的我。或许是出于"多了一个儿子"的心情，他非常喜欢我。

S先生代替父亲的身份，在我留美时期给予我无微不至的关照，我从他身上也学到了许多美国人的生活方式和思维方式等。

后来，虽然我离开了朋友家，在上西区租了一间公寓，S先生仍非常热情地帮助我，例如当我的担保人，暂时借我钱应急。即使在日本，我也从未得到过这样的关怀。我不禁思考：为什么S先生能如至亲骨肉一般地对待我这个外人？

当时，我想向日本的同胞传达我在美国发现的种种，例如我热爱的旧书、古董以及知识。此外，我曾经也想过不是以100%，而是要以120%的热情和行动来回应日本同胞的诉求。

无论是挑选旧书或古董的工作，还是搭配师的工作，我都喜欢，我一直想要做一些能发挥自我作用的工作。那时候，我总是对S先生说起这些话题。

我曾经对他说过："我并不是要挑选将来从

事的职业，而是想要给日本的同胞传递他们需要的美国文化的精髓。现在的我能力有限，只能做到这些事情。所以我一直在思考尽我所能发挥作用的方法。"

于是，S先生，也就是我的"美国父亲"，对我说了这番话："如果大家都要分走你的热情，那么我选择支持你。"

在此之前，以我的偏见来看，纽约给我的印象是大城市，一座冷漠的城市。后来我慢慢发觉，包括我的"美国父亲"在内，纽约市民们都会积极地支持那些渴望大展拳脚的人。

——————— 思考要诀 ———————

· 美国文化促使人们积极地支持拥有上进心的人。

· 了解那些努力实现梦想的人，并积极支持。

接触戴尔·卡耐基的哲学理念

纽约、巴黎、伦敦，都是有大量移民居住的城市。我感觉在这类移民较多的城市中，当地人非常尊重拥有某种志向的人。我认为这是因为有许多人都想从零开始实现自己的梦想。

那时候我正是二十岁左右的青年，在纽约完全没有遇到过责备我"毛头小子别做白日梦了"的人。身边的人都会认真地倾听我的话，并且会根据我的想法适当地给予建议与帮助，大力支持我，并且无微不至地关心我。有时候为我介绍新朋友，有时候会为我推荐或许能帮上忙的人。

现在，我依然与"美国父亲"保持着联系。当时，每当我们相见，他总会教给我许许多多的知识，而我也真的从他身上学到了许多知识。

只要一有机会，我就会将自己的工作情况向S先生汇报。例如我发现了一个东西，向日本人介绍了这个东西，对方非常开心，并且下了数量很大的订单。每当我说起这些话题时，我的"美国父亲"一定会耐心听我说完，然后提出一些对我有帮助的建议。

回想起来，他曾经直接或是间接地教导我什么是"在美国社会获得成功"。

他是戴尔·卡耐基的拥趸，几十年如一日地参加卡耐基研讨会，有时还会担任演讲人发表演讲。

说起卡耐基，就不得不提到他的那本畅销书——《人性的弱点》。有一天，S先生告诉我，他当下成就的基石是卡耐基的哲学理念。

他对我说，从某种意义上来说，戴尔·卡耐基的哲学理念是美国式的成功哲学，作为基石存在于他的内心，而这个基石与他今天获得的成功息息相关。

因此，我找到了《人性的弱点》，并读了一遍。卡耐基在书中写到的通过深刻观察人类而得到的哲学理念给我带来了巨大的冲击，而他内心深处的人本主义思想也深深地感动了我。

书中阐述了作为一个独立的人，在社会生活中处理人际关系的原则。

书中还提到了推动人行动的原则、受人喜爱的原则、说服他人的原则等，例如使家人获得幸福的方法以及写信的方式。

"成功并不总是意味着能够赚到钱。"我的美国父亲对我说的这句话深深地铭刻在我的内心。

不知道在用英语与"美国父亲"交流的过程中，我究竟从他的话中理解到了几分真意。但是，在读过《人性的弱点》之后，我发现以往他对我说过的大部分话语都与卡耐基的哲学理念息息相关。

若有机会，希望大家都能读一读这本书。

当年我草草写下的笔记和信件都没有丢失，现在依然有一部分留在我身边。从这些内容之中，我找到了连接往日回忆的细线，唤起了与"美国父亲"交谈时的记忆，我的脑中浮现出了他曾经说过的一句话："美国人无论如何都会支持具有挑战精神的人。"

"对于美国人来说，支持具有上进心、想要挑战的人是理所应当的。所以，如果你有干劲，并且想要挑战，我们美国人会慷慨地支持你。相反，当你遇到和自己一样具有挑战精神的人时，就轮到你去支持那个人了。"

他补充道："有过很多次失败的人在美国是最受尊重的。但是，你永远不能忘记美国是一个弱肉强食的国家。虽然美国人非常尊敬认真进行挑战的人，但从此开始便要依靠实力取胜。所以，量化所有目标并进行具体操作才是最重要的。"

"一个实力主义至上的国家。"

听到这番话，我感觉美国人的思维方式真的非常了不起。

经历了很多次失败的人，同样也经历过许多次挑战。即便身无分文、毫无地位、一无所有，也值得我们尊敬。尽管如此，挑战和赌博是两个不同的概念。从想到一个概念到制订详细的计划，这一过程中，若是不具有冷静判断的能力和理念，没有全身心投入到挑战之中，那么你便无法实现目标，终将一无所获。

全力以赴才能获得成功，由此我学会了美国人对这种自立自强精神的敬意。

—————— 思考要诀 ——————

· "成功"不一定意味着赚到钱。

· 一个人之所以经历过许多次"失败"，是因为这个人进行过许多次"挑战"，因此值得人们尊敬。

成功的模式

捐赠文化

二十到二十二岁，我住在纽约，此后便往返于日本和美国。我每年必定会见一次我的"美国父亲"。现在，他已经年过八十，每年依然会给我寄圣诞卡片。

此外，我的"美国父亲"也常常关心我的女儿，他曾在她升入初中时寄来贺卡，还直接与她通过邮件沟通。

我初次见到他是在他五十多岁的时候。因此，最近我在写给他的信中提到了一个问题：您在年满五十岁时，曾经有过哪些想法？

过了一段时间，我收到了他从海的另一边寄来的信，里面写道：我在五十岁那年决定了一件事情。那便是思考在我有生之年，能够为世界、为人类做出哪些有用之事。

自那之后过了三十余年。当我问他"最近最让你幸福的事情是什么"时，他回答我："除了留给儿子的那部分遗产，我想将剩余财产都捐出去。也就是说，我能够为社会做出一份贡献。"

成功人士为社会捐赠的理念深深地渗透到美国这个国家。实际上，美国社会就是根据捐赠金额的大小来决定地位的。可以说，若不进行任何捐赠，你就无法提高自己的地位。我认为美国人有通过捐赠来提高地位的欲望。尽管如此，要放弃自己的财产并将其返归社会，并非易事。

我的"美国父亲"在曼哈顿拥有大量财产，是一位成功人士。他能够舍弃大部分财产，选择与妻子两个人在宾夕法尼亚州度过余生，从这个意义上而言，我认为他们真的非常优秀。

虽然我根本没有达到向他人捐赠财物的境

界，但当达到一定年龄时，我希望能够将自己拥有的物品捐赠给有需要的人。

如果被问到"你的梦想是什么"，我会带着单纯的感情回应："我想要为那些需要帮助的人捐赠我通过劳动获取的东西。"产生这种想法，是因为受到了"美国父亲"的影响，选择去做这件事情是因为我认为捐赠对捐赠者而言也是一种幸福。

――――――――― 思考要诀 ―――――――――

· 当你到了五十岁，不妨思考自己能为人类做出哪些贡献吧。

· 将自己的财产回馈给社会，这是人类最大的幸福。

高手给我的赠言

我从"美国父亲"身上学到了很多知识。其中，最令我印象深刻的一句话便是：你要成为感恩高手。

这句话的意思是，你要成为擅长感恩的人，要有善于表达"感谢"的情绪。如果你受到了他人的帮助，一定要给对方回礼，这便是一例。实际上，他就是一位感恩高手，他常常向包括我在内的许许多多的人表达感恩之情。

例如，当我去见他时，他总是会为我准备一些礼物。他总是对我说："这段时间真的特别开心。谢谢你。"然后将提前准备好的礼物委婉地递给我。当然，他赠礼的方式不会使接受礼物的一方感觉到任何负担，礼物一般是小花束或巧克力之类的小礼物。并且，他有时候会准备两份相同的礼物，让我将其中一份送给朋友。这种连对方的熟人都能顾及的细致，实在让人难以模仿。

此外，对于那些有家室的人，他还会为对方的夫人和孩子准备其他礼物。

也许这种现象不限于我的"美国父亲"，我认为这是成功商人的一个共同点。斟酌时机，以绝妙的平衡感来与别人接触，可以说这是全世界通用的成功模式。

有时候我会收到赠言。例如"美国父亲"曾经赠给我这样一段话："这段时间非常感谢你。托你的福，我度过了一段非常愉快的时间。所以，今天我想送你一个能帮助你出色完成工作的秘密——当和很多人交谈时，你要装作自己是其中最了不起的一个人。然后，当站在倾听者的立场上时，请你一定要装作自己什么都不懂。"

将自己当作一个无知的家伙，向他人虚心请教。

这或许是纽约市曼哈顿区成功人士经典的成功哲学。当时，我对商业一无所知，听到那番话后非常感动，并认为那是一件很棒的礼物。

在美国生活时，我们要仔细观察对方，并且将自己对对方的关注积极地传递过去，这是非常重要的。

为此，我在学习成为感恩高手的同时，还学会了高明的问候方式。

若是一个人无法高明地问候他人，便没有人会搭理你。因此，在说过"hello"之后，我们要注意采用取悦对方的方式问候对方。

问候语可以是任何话语。例如"您的包包很漂亮呀""您的发型很好看"，等等。试着带着自然的笑容将对方的优点说出来。

很多时候，这句话就会成为交谈的开端，使得彼此能够顺畅地交流。

我的"美国父亲"还有许多其他的赠言。例如找到与自己共事之人的优点，并想方设法称赞，然后多多关照对方。

他总是一有机会就给我提建议，比如你要更耐心地倾听别人说的话，观察、感受他人的行为，多多关照他人。

他在曼哈顿从事房地产业，总是对顾客非常

关照，从顾客购买房屋到售后服务，一直贯彻着关照客户的原则。

总而言之，他非常重视一个观点：卖出房子之后生意才算是开始。

在客人买下房子之前，他会耐心周到地为客人提供服务，有时候会赠礼或是邀请买房概率比较大的客人吃饭。一般从事房地产行业的人都懂得使用这些方法，不同的是，他认为在房屋卖出后，即客人交过钱后，他和客人之间的关系才真正开始。他会进一步深化与客人的交际，并努力在自己和客人之间建立信任关系。通过这些行为，他进一步扩大了人脉，增加了潜在客户。

我在《松浦弥太郎的工作术》一书中也描述了这种行为，一个人要认识到自己身后存在着几十个人的身影。这便是我的"美国父亲"的成功秘诀之一。他曾对我说过一句话："我能够成功，就是因为懂得这个道理。"

换言之，当信任他的许多客人听说周围人想买房屋时，便会将他介绍给熟人。就这样一传十，十传百，通过这种方法扩大客户群体，在弱肉强食的曼哈顿，他成了极少数的成功者。

在此之前，我有一段时间认为生意在卖出商品之后就告一段落了。我的"美国父亲"告诉我事实并非如此，卖出东西以后才能够真正展开与客人的交往，我不禁大吃一惊。然后，我感受到了"肉眼看不见的部分比较重要"的商业智慧。

诚然，日本人的关照方式使人感觉非常细致，而美国人的关照方式也非常值得一提。总之，一定要仔细观察对方，观察事物，关心他人，时常询问对方需不需要帮助。

我的"美国父亲"经常说："你要带着专业意识去工作。"我认为，"带着专业意识"的要点之一，就是前面提到的关照他人，全心全意地为对方服务。为此，我平时就会仔细观察人和事物，积累经验，运用创造力。若是不发挥你的想象力，思考对方的要求，就无法关照他人。我的"美国父亲"还教会了我一件事情：若是不关照对方，就无法成功地完成一项业务。

我想在结尾处增加一个小插曲。当向我的

"美国父亲"询问如何能在生意场上取得如此大的成功时，他半开玩笑似的答道："因为我手上的房子都是向阳的。"或许这也是他独特的理念和关照他人的方式吧。

· 掌握如何顺畅地向他人传达感谢的方法。

· 真正的专业意味着懂得关照他人以及为对方服务到底。

开拓精神会孕育出成果

说出自己正在思考的事情，是真诚的行为

我在纽约学到了一个非常有用的道理：该出口时就出口。

在美国，人们始终认为这是能够推动积极辩论的方式。当你自己处于提出建议的位置时，你就应该畅所欲言。他人处于提建议的位置时，你也必须实实在在地表达自己的想法，展开积极的辩论。

这是因为不将自己的所思所想锁在脑子里，通过与周围人舌战，就能在此基础上进一步思考。

通常情况下，你能够由此得出比自己最初设想的结论更加正确的结论。同理，对于其他人提

出来的意见也能展开同样的辩论。

无论是在公共场合还是私人场合，说出自己认为必须说的言论，是人类交际的基础，也是在场证据，并且还是一种诚实的行为。

这种行为在日本不受待见，或许无论如何解释都会给周围人留下喜欢说三道四的印象。特别是自己的意见被反驳时，日本人会认为对方摆起了敌对的架势，故意否定自己，甚至有的人会认为对方故意找自己吵架。

这很大程度上取决于现场的气氛。因此，有必要创建一个让每个人都能自由交换意见、自由辩论的场所。

如果你所处的环境不够自由，那么即使你想提出真正有益于公司的建议，最后也只会无疾而终，问题也不会得到解决。

以我的"美国父亲"为例，他非常擅长营造一种轻松的氛围，使在场的所有人都能畅所欲言。我从他的为人处世中学到了许多知识。

他为了制造开启话题的契机，会故意说一些所有人必定会反驳的话。

他会故意降低自己的水平，或是说一些稍微离题的话，一边试探周围人的反应，一边缓和气氛，寻找话题的线索，故意引导大家表达反对的意见。

他非常擅长迎合对方，以便延续话题，并且经常在谈判的场合将这一点发挥得淋漓尽致。他绝对不会从一开始就发表高明的言论，而是注意配合对方来展开话题，因此他不会让对方持有不必要的警戒心理，比如"感觉和这个人说话，自己一定会输"。这一点令我非常佩服。

———————— **思考要诀** ————————

· 畅所欲言是积极开展辩论的基础。

· 关键是尊重在场人员的反应和意见，
  同时掌握主动权。

通过不断地挑战来培养领导能力

二十几岁的时候，我对这个世界一无所知。我总是思考：如何才能成为对社会有用的人，为此我需要做什么？

在我人生的初期，我的"美国父亲"就将这些问题的答案告诉了我。有一天，他对我说："你要掌握领导能力。"要实现这个目标的秘诀便是绝对不要和别人做同样的事情。

那时，我问他："掌握领导能力需要怎样做？"于是，他回答我："那很简单。只需要经常采取行动，不断挑战。"

他曾说过，只要比别人抢先行动，不断挑战，就会有许多人追随你。为此，自己必须拥有许多想法，然后不断向周围人表达自己的想法。由此，你的想法终于能像植物的种子一样发芽，你要给它们浇水施肥，让它们变得具体，这样才具有开花结果的可能性。

在以往的日子里，我真的见过形形色色的人。对于想要挑战的人，美国人总是以宽大的胸怀给予机会。我记得肯尼迪总统在20世纪60年代的演讲中说过，美国的财产就是人们的想法，我认为这个说法非常形象。

美国人的优点在于他们总是会思考去做一些和别人不同的事情。这种想法促使所有人都能产生各式各样的想法。当然，有不少想法仅仅停留在灵机一动的阶段。

但是，我遇到的每个人总是能提出5～10个想法，建议我去做一些事情。

若是在日本，情况则完全不同。平时我们注意不到这些特点，实际上日本人有一种独特的想法：要和别人做一样的事情。这种想法根植于内心深处，不知不觉地就让人没有主见，使自己的脑子变得僵硬。我们一旦走出日本，这个特点岂不是变成了负面因素吗？

美国人的沟通能力发展到了现代依然没有任何变化。基本上，只要拥有一定的知识，我们就能立刻发现他们谈论的想法基本不可能实现。

但是，我认为他们毫无畏惧地接二连三地提出自己的想法，诸如"若是这样做，说不定能为大家出一份力呢"这样的想法，实在令人感觉非常爽快。

即使他们的想法愚蠢，根本无法与目的直接产生关联，并且会因此被人认为不聪明，他们也完全不会在意。

在美国社会中，人们无论何时都要积极地表达自己的想法，这正是交际能力受到重视的表现之一。

如果你对于某件事情感到非常震惊，将你的想法表达出来，日积月累，一定能提高交际能力。若不那么做，就无法与人交际，因为他们不明白对方在想什么。实际上，对方也会对你说："我不知道你想干什么。"

如果美国人很喜欢自己的想法，那么无论任何人提出任何意见，他们都会独自采取行动。我非常尊敬这种挑战精神，美国的开拓者精神扎根于其中。

所谓"开拓者精神"，是指一个人从一无所有的状态开始创造财富。这是美国建国以来，传承了好几代的精神；从广义上来说，也是一种饥饿精神。毫无疑问，他们具有这种精神，并自然而然地从中培养了沟通能力和领导能力。

思考要诀

· 不断挑战，才能掌握领导能力。

· 向美国的开拓者学习，掌握保持挑战精神的能力。

迅速独立的行动能够塑造想法

当机立断和言出必行

从为了实现某个目标而产生想法开始，到制订详细的计划并全力以赴实施计划，为了顺利完成这个流程，或许你需要将超辣的辣椒粒放进嘴里后灼烧感瞬间爆发般快的速度。

当你已经摆脱拖延、烦恼、彷徨的阶段，请尝试带着仿佛在高速公路上全速驾驶的感觉去处理眼前的问题吧。

许多成功人士都具有这种稍带鲁莽的速度和行动力，而我的"美国父亲"也不例外。他也是一位"一想到就马上去做"的人。

"对了，我把那位朋友介绍给弥太郎认识吧！"突然产生这样一个想法，即便当时已经是深夜，他也会当场拿起电话筒，给对方打电话。

这种个性并非急躁，而是想要马上去做脑子里面想到的事情。我的"美国父亲"正是深谙这个道理的人。现在，我偶尔也会感慨他做事的速度。在我如此行事的时候，周围的人大部分都只会呆呆地望着我。

当然，这种方法并非在任何场合都行得通。但是，只要能提出自己的意见，即使得不出任何结果也无所谓。不必因此而坚持那一个想法，因为还会涌现出其他想法。想法就如泉水一般接二连三地涌出来，通过接连不断的思考和执行来实现。

此外，与我熟识的纽约一家旧书店——斯特兰德书店——的店长和我的"美国父亲"一样，也是一位大脑运转速度快且果断的人，办事迅速，充满了行动力。

并且，他非常谦虚，能够认真倾听他人的意见。说不定是因为美国人像对待第二本《圣经》

一样，或是当作座右铭似的，将戴尔·卡耐基的教诲深深植入心中。

此外，在那个年代获得成功的人，一般都喜欢读拿破仑·希尔的书，在日复一日马不停蹄的努力中，接二连三地实现了书中的成功哲学。

我也读过"美国父亲"推荐的《思考致富》的日译本。读过这本书以后，我认为一个人应该始终保持谦虚的态度，并认真倾听他人的话语。

不论国内还是国外，企业的高层总是会对周围人说："你有任何想法，哪怕是非常小的想法也请告诉我。"

"无论有什么想法，都不要放弃表达，因为我一无所知，需要你们的想法。"我们要将自我定位成世界上最无知的人，站在倾听者的角度听他人表达自己的意见。然后，若是在此过程中发现了亮点，必须立刻迅速地执行。

说到底，想法这种东西是指一个人发现了其他人未曾思考过的事情，并认真地思考，从而获取重大成功的原因。一个看起来非常荒谬的想法之中，实际上可能隐含着提示。具有一定水平的人能充分理解这种想法，只有少数人才能看见其中的提示。

日本可能由于过于重视一个人与周围的协调性，而无法接受脱离一定框架。在这个方面，日本人的宽容和勇气不如美国人。

面对一个不合常理的想法，我们不管为了实现这个想法如何努力行动，总是会引发问题，与周围人的关系也会变差。这种场面与美国恰好完全相反。当你提出自己的想法，和周围人交流时，美国人总会推你一把，鼓励你进行挑战。

今后，日本也需要能够通过"言出必行"来实现想法的行动力，并且愿意不否定任何想法。我认为，日本人将来会有更多与美国人合作的机会。到了那时候，我们需要学习美国人为人处世的方法，与他们共事。从现在开始，用丰富的想法打造自己，不断努力改变吧。

· 立即执行你认为正确的想法。今天想
　到了什么就要在今天完成。

· 今后，我们必须拥有通过"言出必
　行"来实现想法的行动力。

解决组织内部冲突的好方法

以我与美国人打交道的经历来看，美国人会创造自己想要目前却没有的东西，并将它们赠予他人。

换句话说，他们拥有一种植根于内心的想法：如果自己想要某个东西，会首先赠予他人。

用英语表示就是"Golden Rule"（黄金法则）。例如，如果你想让对方面带微笑地跟你打招呼，就要主动面带微笑地跟对方打招呼，即"己所欲之，则施于人"。

日本人则习惯在看到对方面带微笑向自己打招呼后，再将微笑回赠给对方。

可以说，日本人与习惯将需要的东西和想要的东西亲自制作出来的美国人不同，日本人更习惯依赖他人解决问题。

下面的论述带有我的主观看法。我认为，我们日本人在情感上，对自己的父母、学校、社区、公司都抱有很高的期望，很少独立自主行动，如果周围的环境能够响应自己的欲求，才会主动去做一些事情。至今为止，在狭窄的岛国日本成长的我们能选择的道路是有限的，正如"胳膊扭不过大腿""树大招风"所言，根据对方的行动改变处理方式被认为是上策。我们从小就学会了不要画蛇添足、效仿其他人的行动比较稳当等思维方式和处事方法。

我非常喜欢苹果的创始人之一史蒂夫·乔布斯的一句话，"Stay hungry，stay foolish"（好学若饥，谦卑若愚）。这是他在斯坦福大学毕业典礼上所做演讲的结语。他声援美国的年轻人，告诉他们绝对不能忘记自己内心的饥饿精神。

在我看来，"stay foolish"与我的"美国父亲"曾对我说过的"将自己当作一个无知的家伙，向他人虚心请教"的精神完全相同，美国的年轻人永远在坚持"stay foolish"。

当一个人认为自己足够聪明时，在这一瞬间，这个人就会停止成长。而当一个人认为自己愚笨时，就会产生学习某种知识的动力。并且，若是从零开始，难道不会产生不受现有概念约束的想法和主意吗？此外，依我所见，无论被他人认为有多么愚蠢，我们都要充满勇气、坚定不移地与周围人谈论自己内心深信不疑的事情，并努力实现目标。

根据我的经验，若是在美国，即使面对看起来完全不可能实现的点子，也会有人选择支持。

许多美国企业在很久以前就一直采用"头脑风暴法"。它是指通过一场会议，让人们自由地提出各自的想法，但不对彼此的想法予以批评、判断或是给出自己的意见。

人们会将通过头脑风暴提出来的想法加以整理、分析，从而提取出具有独创性的想法。总之，有时候会出现这种情况，一开始你认为完全不切题、稀奇古怪的点子，在不知不觉之间就生根发芽，具有了完整的形态。

此外，美国企业特别重视"冲突管理"。从战略上抓住整个企业集团或是企业内部的"冲突和对立"，并作为工作的一部分进行管理，这一意识非常强烈。

在当今这般需要快速决策和行动的商业环境中，组织的变革是一项不可或缺的工作。因此，我们无法避免从中产生的冲突，也就是对立。

在美国，人们面对冲突不会逃避，而是始终采取积极的态度来解决问题。如此一来则会得到一些好处，例如前进的方向会变得更加清晰、能够提高决策的质量等。

此外，还能通过冲突来促使对立的双方之间增进理解，同时有机会获得新的思维方式和点子。对于美国人而言，他们天生就具备实行冲突管理的资质。

日本企业不会将冲突当作一种战略来理解，而是会尽量避免牵连其他人，并且倾向掩盖冲突的存在。

我认为，日本人很有必要像美国人一样，将工作看成一件独立自主的事情，并且学会自然地处理冲突的技术。

———————— **思考要诀** ————————

· 创造自己想要目前却没有的东西，并将
  它们赠予他人。

· 不断向周围人谈论自己内心深信不疑
  的事物，并努力实现这个目标。

花时间与花钱去学英语

不要害羞，从模仿入手

自我在中目黑成立COW BOOKS以来，已经过去了十多年。目前，来COW BOOKS的顾客约30%是外国人。他们来自许多个不同的国家，既有欧洲国家，也有亚洲国家。

其中，有的顾客来东京旅行，被书店的气氛吸引，偶然进入书店。也有因工作暂居东京的爱书之人，他们觉得COW BOOKS很有趣，便常来店里光顾。

从几年前开始，我在COW BOOKS开始了一项尝试。国外的顾客来店时，我一定会赠送一杯免费咖啡给他们。其中一个原因是对方难得购买飞机票来到东京，我作为书店主人，理应热情招待。

还有另一个重要的原因是我需要给书店的员工提供光明正大使用英语接待外国游客的机会。

既然要提供咖啡服务，书店员工首先就需要跟外国游客打招呼，然后与对方交谈。若对方同样是亚洲人，则有可能难以判断是否为外国人；若对方是欧美人，一般能立刻判断出来。

因此，我让员工一边送咖啡，一边用英语打招呼："您好，请问您来自哪里？"

于是，从国外来日本的顾客会向书店员工道谢，同时与他们交谈。

如此一来，书店员工内心"不擅长英语"的意识逐渐降低，逐渐习惯自然地用英语对话。现在，我感觉COW BOOKS整体发生了很大的变化。

例如我曾经有过这样的经历，当我与一位外国人面对面地同坐一张桌子时，周围没有其他任何人。我想着如果现在有人用英语找我对话该怎么办，想着想着就低下了头。我想每个人都至少有过一次这样的经历吧。

但是，现在日本已经有许许多多的外国游客，我认为逃避不再可取。如果你走在街上，被外国人用英语问路，最基本的礼貌便是用英语回话。

突然在街上与外国友人相遇，使用英语交流是非常自然的事情。我认为，秉持这种观念，逐步克服语言障碍，是非常重要的。

尽量依靠自己制造用英语对话的机会，这是第一步。

接下来，如果有机会结识来自国外的人，则要模仿对方实际使用的表达方式，并尝试当场运用该表达方式，即"鹦鹉学舌"，总之要尝试将学到的知识说出来。不仅是表达方式，还请大家多多尝试模仿外国人的发音和语调等。

例如和一位外国人一同去餐馆或咖啡馆时，你可以学习对方在各种场合下做的每一件事情，比如点餐的方式。于是，你可能会察觉到初中课本和书店里的练习册上的例文与实际生活中的交谈相去甚远。

话虽如此，也有专注于"总之先去尝试，先去听一听"的好书。

其中一本书是长期在国外居住的罗伯特·哈里斯的《掌握这些英语，即可环游世界》。可以说，这是一本能够在实际对话中发挥作用的书。

此外，罗伯特还主编了《通往自由的一步》。本书采用英日双语对照的形式，刊登了大量英语格言，非常适合初次接触英语原版书的读者。查尔斯·舒尔茨的漫画和杰克·凯鲁亚克的《在路上》中使用的词语有着很大的差别，非常值得一读。

学会说英语的最大窍门是丢掉羞耻心。

无论你的发音多么奇怪，即使只能像小孩一样用简单的英语单词表达意思，都没关系，你要有不追求完美的精神。

总是在乎他人的目光，最终将一无所获。我们要从不骄不躁地做好每一件事情开始打好基础。在学习过程中，不要在平时的人际关系中过于谨慎。即使双方是同一个国家的人，若总是害羞，那么不管多久也无法建立关系，不可能与对方成为朋友。与不同国籍的人交流时也是如此。

思考要诀

· 尽可能创造说英语的机会，提高自己的语言交流能力。

· 熟练掌握英语口语能力的诀窍是丢掉羞耻心。

知识投资总会带来回报

最近，据说越来越多的人选择在公司或家附近的咖啡馆上一对一的英语课。大约从五年前开始，我每周都会上一次英语课。或是在早晨出门上班之前，为了"自我投资"而匀出一段时间，或是去咖啡馆上一对一课程，没时间的情况下一般选择电话授课的形式。

我居住在纽约时，因为平时一直用英语说话，所以不需要努力也能维持英语口语能力。

但是，回到日本，以日本为中心开展工作时，少了许多使用英语的机会，我感觉很难流畅地说出英语，因此每周会上一次一对一的英语课。

我想说的是，这种情况并不只出现在英语学习中，学习其他语言也是如此。如果平时不用这门语言，就会慢慢地遗忘，或是对这门语言的语感会变得迟钝。并且，一旦不再使用这门语言，就需要花费大量的精力才能维持以前的水平。

学习任何知识的过程都非常艰辛，需要花费大量的时间和精力。但是，遗忘是非常容易的。

我的英语老师非常擅长教学，并且充满责任心，势必要教会自己的学生掌握一定程度的英语会话能力。因此，老师也严格地要求我，让我体会到大脑中的英语开关还和生活在美国时一样，能够自如切换。

我一贯主张人们需要花费一定金钱用于知识投资。实际上，我的课时费非常高昂，但老师的授课方式值得我付出这么多钱。金钱代表着同等的责任，老师会带着这种觉悟尽力教我。

对此，我认识到自己既然已经花了那么多钱上课，就必须努力学习，这样才能对得起付出的代价。

一个东西价格昂贵，自然有它的原因，同理，便宜货也自然有便宜的原因。这并不仅限于学习，这是所有事物共通的道理。

如果你计划在半年后或是几个月以后出国工作或是留学，需要完全掌握英语，我认为最好的办法就是支付高额的课程费用，聘请一位一流的老师指导自己，专心致志地学习一段时间。

如果选择私人课程，可以根据你自己的要求或是老师的教学方式，不使用教科书，以周围的话题为中心展开自由风格的学习。

因此，你与老师磨合的程度将会给课程的内容和质量造成较大的影响。此处的"磨合程度"既是彼此的"波长"是否同频的问题，也是判断在知识和文化层面上是否谈得来，或者是否拥有能够构成共同话题的兴趣爱好等。

第一节课通常是免费的。我们可以在这个阶段请老师提交详细的个人资料，然后认真仔细地考虑今后的来往，以及对方是否真的适合做自己的老师。

学外语也好，和本国人交流也罢，我们都要选择自己比较容易听懂的语音、语调和说话方式。在这个问题上，最好不要考虑自己的听力水平。

我的英语老师是朋友介绍来的。我身边有不少人在上英语私教课，这就和根据牙医选择医院一样，口碑是最重要的考虑因素，所以我选择了朋友介绍的老师。

如果你打算上英语私教课，不妨先与有这方面经验的朋友或者熟人交流相关经验。另外，也可以上网搜索相关资料。

我的女儿在2012年夏天出国留学了。暑假期间，她前往伦敦学习英式英语。而在她十人组成的班上，其中七个同学都是中国人。其余三个人则分别是日本人（她自己）、印度人和越南人。

总而言之，中国人现在将眼光投向国外，为了让自己的孩子掌握以英语为核心的外语而不断地给孩子投资。这个现象不仅在英国，在法国和意大利也可以看到。

建筑家安藤忠雄在某次采访中的发言给我留下了深刻的印象，他说："比如有人会说日本的经济形势不好，或是某个国家的经济形势不好，但经济形势再差，我们也应该去寻找对自己而言形势较好的工作呀。"

目前，我定居在东京，同时也在东京工作。老实说，我暂时不会考虑移居外国。主要的原因是我并非单身，而是在日本拥有自己的家庭。

但是，如果我现在只有二十多岁，必定会去国外生活，不会留在日本。此外，当到了六十多岁，工作和其他一切都安定下来，思考下一个全新业务时，我或许会选择出国。

正如现在中国人将目光放到国外一样，我认为日本人也会慢慢拥有前往经济形势较好的国家或地区工作的想法。我认为日本人必须拥有这种想法。

为此，日本人需要打好英语基础。我认为，从事任何工作的人都需要掌握英语技能的时代即将来临。

—————— **思考要诀** ——————

· 高效学习英语的第一步就是下定决心
  为自己投资，选择私教课程。

· 今后，不仅要关注本国的情况，我们
  还要关注经济形势较好的其他国家。

第二部分

"BONJOUR" 之章

学习法国式优雅
的生活方式

为了更好地工作度假

将"玩心"运用到工作中

最近，我与一位从法国回来的朋友交谈。我们围绕法国谈论各式各样的话题时，聊到了法国人身上有哪些我们所不具备的优点。

我们首先得出了一个结论：法国人热爱劳动、玩乐并且会享受生活。

我相信一些读者知道，在法国，员工有权且有义务每年休五周带薪假期。许多法国人在7月至8月之间会花费大约一个半月的假期用来充电，放松身心。

据居住在巴黎的一位挚友所言，许多人都

会在7月14日，即法国国庆日（日本的"巴黎节"）结束后开始出行。

当然，他们都会在完成手上的工作以后再出行。并且，为了获得夏天的度假，他们会辛勤耕耘一整年，没日没夜地工作。

具体的做法各有所异，但每个人都会为此简化日常生活，并且计划度过一个符合自己收入且具有一定意义的假期。

例如每年都会有一些人在地中海一带的别墅中与家人一同度假，也有的人利用单身的无拘无束前往居住在巴黎以外的家人或朋友那里，共同享受假期。

此外，计划假期的时间也因人而异。有些人在年初就已经准备充分，而有些人到了菩提树的白色花朵香味满溢整条街的6月才开始做决定。可以说，在假期即将到来的季节，许多人都欣喜地盼望着假期，会比往常更加努力。

日本通常没有像法国那样，将休长假当作度假的习惯。日本人也缺乏将度假理解为重要充电期的认识。

对于商务人士而言，充电期似乎带有负面形象，他们认为充电期是在家办公，或是非工作时间。结果，拖拖拉拉地过完了假期，反而会产生尽快回归工作的情绪。

与之相反，许多法国人充分理解与家人一同悠闲地度过夏日假期，让自己的身心焕然一新，享受人生的重要性。

他们利用这段度假的时间来享受日常生活中无法获得的乐趣，增加想象力，提高对工作的专注度。

法国一家具有代表性的国际集团的法国员工曾说过一句话："我必须为自己争取一个能有充分的时间度假的工作环境。"这句话令我印象非常深刻。

总而言之，对于法国人而言，是否度假属于个人的自由，但我感觉他们拥有这种思维方式：为了好好工作，需要给自己放个假，以便放松身心。即使是半强制性地持续学习新知识的我，也非常憧憬这种生活方式。

"生活艺术"（Art de vivre）是一个经常出

现在法国人对话中的词，也可被翻译为"享受人生的方式"或"品味人生的方式"。

法国人深谙"生活艺术"，大多优雅地享受自己的人生，这种独特的享受人生的方式之一就是：努力工作，尽情玩乐。

日本人对于工作的态度与法国人大不相同。我一直感觉日本人有为了玩乐而工作、为了享受生活而努力完成困难工作的"倾向"。

相比工作带来的快乐或是乐趣，工作所带来的辛苦和压力占了主导地位。对此我思考了很长时间，我认为，人们一般是为了释放工作压力而玩乐，这就与日本人的倾向有着微妙的偏差，这种思维方式本身存在问题。

我认为日本人需要培养法国人的度假思维——努力工作，尽情玩乐。若是没有尽情玩乐，一个人就没办法好好完成工作。我认为工作和玩乐之间存在着这样的关系。

的确，在日本目前的营商环境中，或许很难给上班族提供一个月的假期。

但是，可以给自己的周末时间定个主题，用来填满自己的学习欲望和玩乐欲望。此外，也可以尝试平时无法享受的娱乐活动。比如在暑假或是新年假期期间，与家人一同离开家，攀爬高山，或是眺望大海，融入大自然。

我认为，只要像这样预先在一年的计划中，按照工作计划编入游玩的计划，就能平衡工作和娱乐。

这仅仅只是一个例子。我从2006年开始担任《生活手帖》杂志主编，从那时候开始，我就决定了不在编辑部举行任何企划会议。

但是，即使不举行企划会议，只要平时在工作中互相交流，或是一边喝茶一边辩论，其中也会出现鲜明的分别——有的人非常积极地阐述自己的意见，而有的人完全不发表意见。

这两者之间究竟有怎样的区别呢，你会怎样思考呢？

我得出了以下结论。

在日常生活中经历更多令人感动的事情，无论感动程度的深浅，由此是否能获得一些发现，从中都能清楚地反映出来。

我认为，工作原本的目的应该是分享感动、塑造感动。因此，那些度过充满意义的假期和个人时光，并乐于享受生活的人无疑都具有灵活的思维能力，并且能够接二连三地提出创意。我认为这类人一般都是工作中的佼佼者。

　　能够很好完成工作的人，都拥有许许多多的感动时刻，并且强烈希望能够与他人分享。这就是我认为热爱度假的人能够将他们的经历应用于工作场合，并且能够积极发表自己意见的缘故。

　　或许在日常生活中，不带任何感情工作的传统上班族的工作效率比较高，但他们或许不会产生新颖而清晰的想法和创意。

　　日复一日地在办公室里面工作，则无法受到启发，从而获得想法和创意。

　　例如在公园里散步，被地上的树枝或鹅卵石绊倒时，就会产生灵感，就像突然遭遇飓风时那样会出乎意料地获得灵感。

　　若一个人总是推迟工作以外的乐趣，例如结识新朋友与新事物的机会，无论过了多久也不可能真正享受生活。不妨选定一个"吉日"，立刻去计划目前想做的事情、想玩的项目。这种瞬间爆发力实际上对工作非常有用。

过去，珍惜生活的美国朋友曾教会我要懂得玩耍，懂得轻松才能做好工作的道理，然后，我的法国朋友进一步加深了这种思想。

我深切感受到一个事实——只有享受自己的人生，轻松悠闲地生活才能高质量地完成工作。并且，在懂得享受悠闲生活的同时，还能磨砺自己的内心。

我认为，有效利用时间，同时掌握"生活艺术"是非常重要的。

 思考要诀

· 学习法国人"努力工作，尽情玩乐"的精髓。

· 掌握法国人享受、品味人生的方法。

· 像安排工作一样，预先将娱乐的计划纳入年度计划中。

珍惜与亲朋好友共同畅谈文化的时光

通过与法国友人的交往，我总是感觉他们非常重视人际关系。

由于法国的文化和历史背景，法国人始终对他人非常警惕，在彼此深入交往之前很难向他人敞开心扉。他们尊重每个人的自由，尽量不干涉他人，同时也不喜欢被人干涉。

但是，他们一旦认准了对方，就会非常珍惜这份关系，会通过与恋人、家人、朋友拥抱和接吻等亲密接触，努力缩短彼此之间的距离。可以说，这种习惯是他们与生俱来的。

例如有时候，我与法国友人共进晚餐，一眨眼就过去了三个小时。

会花这么长时间用餐，是因为他们珍惜与亲朋好友悠闲地共进晚餐的时光。

他们用餐至少需要两个小时，因为他们会一边品尝每一道菜，一边聊天。在此期间，他们完全不会聊工作。对此我感到非常佩服，同时也会稍感压力。此外，在商务晚宴上，他们到了上甜点的时间才会开始谈论工作。他们贯彻着这样的餐桌文化。

在咖啡上桌之前，他们一直围绕着艺术和文化的主题展开话题。例如绘画、建筑、音乐、文学、戏剧、舞蹈和电影，等等。其中，他们谈论最频繁的话题是正在举办的美术展。

法国人奉行谈论文化相关的话题是最重要的交流工具。

法国顶尖企业都积极资助文学或艺术事业。通过支持许许多多的文化和艺术事业，来保护该企业所具有的文化价值。如此一来，达到了将法国文化和生活方式传播至世界各地的目标。

日本以1988年的日法文化峰会为契机，开始展开对文学或艺术事业的资助，同时扩展相关业务，展现出多样性。并且，日本企业与法国企业一样也致力于地球环境保护活动。

但是，在个人层面上情况则有所不同。除了长期在法资企业工作的上班族外，一般的日本上班族只能谈论高尔夫和喜爱的汽车，一旦打开其他领域就束手无策了。

这是在日本贸易公司工作的朋友告诉我的情况。我们应该在日常生活中关注最近热门的画展和音乐会，若是有感兴趣的活动，不妨偶尔去看一看。此外，平时我们还必须学习包括日本在内的全世界的文化和历史。当然，若是不养成这种积累话题的习惯，自然会在交谈中无话可说。

居住在巴黎的普通老百姓擅长利用戏剧和舞蹈表演定期预约的折扣和LiveHouse的免费音乐会等，免费享受尽可能多的文艺活动。

总是带着悠闲的感觉享受生活未免过于困难。从积极角度来看，合理平衡工作与生活的传统法式节俭精神正是运用了上文提到的生活艺术。

我认为，我们应该用一生来学习古今中外的历史、文化，从而不断提高自身的素养，同时激发内心的快乐。

如上所述，日复一日的学习能够帮助自己磨砺内心。我认为尽量制造与外国文化解除误会的机会，不仅能够提高自己的审美意识，还能将自己的内心打磨光亮。

文化是美好的，接受良好的教育，则能使自己的人生变得丰富多彩。带着玩心学习文化方面的杂学知识，将自己打造成一本百科全书，必定是一项重要的技能。

——————— 思考要诀 ———————

· 为了与他人自如地谈天说地，我们需要掌握多方面的知识。

· 学习"无偿"获得文化知识、合理利用资源的精神。

如何回答对方的问题，
是衡量你诚意的标准

辩论是一个快乐的逻辑思维游戏

"你怎么看？"

当我和法国友人在巴黎街上漫步，或是在咖啡馆里面对面交流时，对方多次向我询问意见。

回答他的问题时，我总是会努力选择措辞，思考如何才能顺畅地将自己的所思所想传达给对方。我以为他会满意地倾听我的意见，但是没想到对方立刻向我抛出下一个问题。

如此这般，法国友人与我的对话就像玩接球似的，不断迸发出新的问题和答案，常常发展成针对某个问题，展开辩论。

我感觉就像是在进行一场没有终点的思维游戏。他们抛出来的对话和彼此之间的辩论不会伤害到彼此的心。相反，作为一个能与之辩论的对象，他们对我越来越亲密，因而能够进一步发展成挚友的关系。

何谓法国人最为重视的交流？无论交流的内容如何，对于自己的提问——"你对此有何看法"——对方能够做出多么热忱的回应，即表现了对方有多大的诚意。

若是对方没有回应自己提出的问题，或是只给出模糊不清的回答，那么他们再也不会把你当朋友了。因为这种交流对他们而言是极其失礼的行为。

此外，在与法国友人的对话中，若是频繁使用"Non"（不），就能继续展开一个话题，即"Je ne le pense pas"（我不这样认为）"Je ne partage pas vos idées"（我不赞成你的想法），等等。

总之，我可以毫不夸张地说，与法国友人

打开一个话题的契机就是表示否定的"Non"。当然，这不意味着要全盘否定对方的意见。"Non"是为了制造继续对话的契机，是说出"我是这样认为的"的符号。并且，"Non"会让对方抛出反驳意见，继续展开积极的辩论，达成真正的对话。

对于法国人来说，对话和辩论具有相同的意义，可以说辩论对于他们而言也是一种游戏。

如果辩论的两方都是法国人，即使对方是自己的女朋友，或是关系特别好的朋友，如果彼此的意见有巨大的分歧，他们也完全不会在意。法国人讨厌统一性，注重多样性，因此，若是大家的意见全部相同，他们反而认为"有些奇怪和危险"，而对这些意见持怀疑态度。

在与法国人的交谈之中，需要注重的一点是如何符合逻辑地表达自己的意见。此外，在互相辩论的过程中，需要注重的一点是如何感情洋溢地展开符合逻辑的话题。

法国人之间的对话和辩论的延伸，正是一场比拼逻辑思维和表达能力的游戏。如果你缺乏这些技能，自然会被人挑刺，甚至可能受到责备。

在法国社会，只要一个人完全掌握了先进的逻辑思维方法，并且注重语言表达形式美，无论背景如何，都会受到高度评价。

这类优秀的人之所以受到好评，是因为他们拥有充实的知识储备、优秀的判断能力、务实的思维方式以及领导能力，能够充分发挥出色的逻辑思维能力，可以将遇到的各种情况和问题立刻分析、整理、统一出来。

有一天，我曾向一个法国友人提问："在与他人讨论问题时，你一般会以什么为要点展开话题呢，通常会按照起承转合的顺序来说话吗？"

那位友人答道："在发表自己的意见时，最简单的方法就是一开始说出你的结论。"

这句话使我顿悟了。

总而言之，只要一开始陈述你的结论，接下来就可以举出具体的事例，并在此基础上论证你的结论。如此一来，就能最大限度地避免在交谈的过程中跑题，导致说着说着就不知道自己真正想说的话是什么了。

首先，通过陈述你的结论，就能阐明自己

的意见和主张。其次，只要针对这个论据来逐步论证你的观点，就不会在辩论的过程中出现破绽，能够比较顺畅地表达你已经在脑中构建好的逻辑。

令人意外的是，很多时候，结论都是对于自己或对于某个目标对象的主观看法。

在交流的过程中，说话者选择的语言充满了感情。而这些语言也能吸引听话者。

实际上，理解并分享这些情感在交流的过程中具有非常重要的意义。换句话说，能够很好地将自己的情感传达给倾听者的表达能力、能够传达全世界的消息和情况等现实信息的能力，以及说服他人的能力，在交流的过程中都非常重要。

我们要准确认识自己与交谈对象之间的人际关系，同时冷静而理性地展开话题。这就是许多受过良好教育的法国人擅长的事。

———————— **思考要诀** ————————

· 学习法国人像玩游戏一样享受辩论带来
  的乐趣的方法。

· 要注重与说话者分享情感，同时展开具有
  逻辑性的交流。

持续"否定"他人的意见一样能获得好评

可以说，法国人从小就习惯做不同的事情，按照自己的节奏，跟随自己的兴趣，直言不讳地说出自己的想法。

法国孩子在上幼儿园的时候，就被要求无论做任何行动都要有站得住脚的理由。教师采取的方针是在任何情况下都要引导孩子提出反对意见，以便让孩子能提出符合逻辑的意见。

大部分法国人不认可刻板无变化的行动方式，是因为他们从小就是在"个性化"的环境中成长的。

在日本，如果一位学校的教师向学生发出指令："冬天在操场上玩耍时，请穿上外套。"那么学生必定会接受指示并遵守这条规则。

但是，在法国，教师反而会积极地引导学生对自己的指令提出反对意见，例如"我等会儿要和大家赛跑，所以不需要穿外套"。

问题或许就在于，许多日本人（包括我）可能不具备在交流中向他人表达自己感受的语言表达能力。日本人不习惯自己的意见被人反驳或是被人"唱反调"，这可能会让他们产生过度的反应。

并不是所有法国人都像我举的例子那样。但是如果不能平衡好自己的情绪且具备辩论技巧之外的技能，就会很容易和人吵架或是自我否定，变得萎靡不振。

这就是日本人一听到法国人使用"Non"否定自己的意见就不知所措的原因。如此一来，我们永远都无法与他们持续交流，无法加深彼此之间的关系。

讨论是从针对某个命题提出赞成或反对意见开始的。用法语来说，是从选择"oui"（是的，好的）或"Non"开始进入交流的过程。

每个人从自己选择的立场来验证命题，并进一步陈述论据，这就是所谓的讨论。因此，比起肯定或是否定，如何进行论证的方式更为重要。

"如果我说了这样的话，他会给予我怎样的

回复呢？如果他表达了那样的意见，接下来我想表达这样的看法——"

我敢肯定，法国人一定会在脑中思考各种问题，享受辩论的过程，无论本人是否一开始就想否认对方的意见（但我认为这种情况很少见）。

如果法国人说"Non"，我们也可以回应"Non"，没有必要在此停下来。当然，根据时间和情况，有时候表达"Je suis de votre avis"（我的看法和你相同）也很重要，但他们对于能够清晰地表达自己的意见和想法的这份率直和独创性会给予更高的评价。

不妨让"其实不评价也没关系"这种反论沉入心底吧。

无论如何，正面处理对方的提问是法国的基本礼节。请记住这个要点，在脑中将自己能够表达出来的词语组合成一个句子，并努力地将自己对于某个命题或情况的思考准确传达给听众。

在与法国人交流的过程中，如果法国人带着强烈责备的情绪，责问你为什么不好好回答自己的问题，甚至有时候对你说"你真是太没有常识了""你这个人真没礼貌"，我认为他们是在表达自己的愤怒，因为你没有好好回答他们的问题。

自己的意见遭到反驳，也要懂得这只是他们为了开启一场愉快的思维游戏的开场白。不妨尝试将自己武装起来，灵活运用脑力，镇定而充满热情地参与讨论。

—————— **思考要诀** ——————

· 在辩论的过程中，每个人都有必要从自己选择的立场来验证命题，并进一步陈述。

· 如果法国人说"Non"，我们也可以回应"Non"。

· 向法国人学习，正面回应对方的提问吧。

通过锻炼写作能力，培养沟通的技巧

在结论中融入秘密的技巧

在讨论的过程中，首先要提出结论。我对此表示深切认同。我认为每个人都有不同的讨论方式。但是，很久以前，我就发现最适合自己的讨论方式是首先叙述结论，然后逐步加以论证。

结论是指听者最想知道的事情。而我也可以在其中加入些许秘密，就如在语言中添加魔术般的因素一样。

此处用"魔术"来比喻或许有些夸张，但至少说话者是在将自己神圣的事物传达给对方，将自己不对外说的秘密跟倾听者分享，而倾听者会为对方愿意分享如此珍贵的事物而感到欣喜，甚至心潮澎湃。

我认为或许每个人都会在分享秘密的过程中，不知不觉地被这些话题吸引。

究其根本，所谓结论就是每个人最想知道的事情。结论对提出论点的人而言绝非无关紧要，他们会通过了解结论，获得同感，通过了解结论，从内心发现喜悦。

可以说，通过一场讨论最终获得的东西或许就是"秘密"。

在日常生活对话中，对方忽然抛给我一个含有秘密的话题——或许这是对于说话者而言非常重要的人生片段之一。

我们有时候也会在读书的过程中体会到这种感情。产生"太好了，我了解到了这个新知识"的想法时，一般是由于我们发现了作者融入其中的秘密。

直接从别人口中获取的信息，与通过书本或信件等文字感受到的东西之间不存在任何区别。我认为无论是通过哪种方式，所有人想要了解的都是潜藏其中的秘密。

例如情书包含的秘密在各式各样的秘密之中，是属于发信人和收信人两方的小小的秘密。情书是对方为了向自己传达某些秘密而寄出的东西，当收到它时，我会真心实意地感到愉快。

无论是随笔还是小说，或是一本书，当我想读时，就会花钱将它们买回去，读过书后，我认为收获了许多知识，阅读是有价值的。此时，我会感到满足，是因为作者将自己或是某些秘密融入书中，并且将这些内容打造得充满魅力。

热门推特、脸书和博客的页面则是作为一种公开的秘密吸引着我们这些读者。可以说，页面的热门点击数较多的作者通过定期展示自己的秘密以及与其相似的事物，完全掌握了吸引读者的秘诀和窍门。

话题回到日常生活中的对话，几个人聊天的时候，大家也会竖起耳朵，用心倾听对方说的话。举个例子，当我对某个人说"昨天，我和朋友一起吃了意大利菜，味道很棒"，大多数情况下对方会回应"挺好的呀"，然后终结话题，充其量会加上一句"在哪儿吃的呀"。但是，若是我抛出这样的话题"刚才我在厕所里哭了一会儿",或许对方会给我"啊?你怎么了"的反应。于是我继续叙述,道出哭泣的原因,倾听者便会仔细聆听这个话题的后续内容。

从人类的心理来看,无论得失,任何人或多或少都想知道别人的秘密。今后,若是想透露一个秘密,只需先说一句"其实啊——"来点燃话题的导火线,倾听者都会竖起耳朵。人类就是如此喜欢听别人的秘密。

因此,相比"大家都来听听我的故事吧""其实啊,我——"更能吊起周围人的胃口,深深吸引他们。在日常交流中,首先我们必须牢牢掌握这般叙述的秘诀。并且,无论是否存在利弊,我们都必须努力说得有趣,从而使倾听者感到快乐。

所谓的取悦倾听者,就是法国人在讨论的过程中采取的策略——首先说出结论。这个结论包含着说话者独有的、存在于内心的情感——他们的秘密。这样一来,整个话题都会变得更加有趣,并且非常自然地吸引听众。

即使在简短的对话中,法国人也擅长幽默地

交谈。无论是他们定位为游戏的讨论或是在其他交谈的过程中，他们自始至终都会考虑如何取悦对方。他们会思考自己应该如何抛出话题，又该如何回应对方的话题，此外，他们还会思考在不同场合下如何取悦对方，使对方对自己的话题产生兴趣。

这就是他们能够在交谈的过程中拥有如此多的风格，总是能成功接住交谈对象抛出的许许多多五颜六色的球，并且轻松地投回去，获得抛球方好评的原因。

如果你也使用名为"秘密"的钥匙，那么你或许能够顺利打开交流的文化之门。此外，这把钥匙还能像法国料理中常用的香料，例如法国菜中经常用到的"Herbes de Provence"（普罗旺斯地区使用的不同草药的混合物）一样，调节交流的"味道"。

———————— 思考要诀 ————————

· 在辩论的过程中，最重要的是"从结论
  开启话题""名为秘密的关键词"。

· 只有通过对话和辩论取悦对方，使对
  方享受交谈的乐趣，辩论才有意义。

充满人情味、充满感情地表达

当我与法国的朋友互动时，总是能感到他们确实拥有自己的想法。聚餐时，现在的日本人会轻易回避的问题，他们也会秉持自己的独特想法参与讨论，并故意将周围的人拉进来一起讨论，他们非常擅长给日常生活中平淡无味的事物添加风味。

他们那充满人情味且精致的生活方式，不禁令我想起这曾经也存在于日本的日常生活之中。

实际上，也有许多日本人能够一边根据对方的反应一边根据情况冷静而适当地表达自己的想法，并且能够很好地结合每个人的意见并加以整理。不仅仅在日本，这在世界各地都是共通的。

我认为，这是因为人类一直不断地寻求根本的欲求——交流的理想方式和从根本上支撑人生的事物。

法国人会赞赏讨论中巧妙地展开逻辑辩论的方法。但是，他们也非常重视讨论过程中的每一句话是否包含人类本身所具有的丰富情感。

我们如何才能充分表达自己的情感呢？我想举出一个具体的例子。

过去，当我安排刚进入《生活手帖》编辑部的新员工写文章时，那位员工写出了一篇比在此工作十年的前辈更能打动人心的文章。

文章没有包含任何信息，写作手法并不算高超，但能使我感受到作者对这篇文章倾注的心血。文章极力想表达某个主题，让我回归初心。

《生活手帖》是第一任主编花森安治在1948年创办的生活实用杂志。花森安治创立了"实用文十训"，记录了他写文章时获得的心得，至今仍然由编辑继承并遵守。

第一，用简单的文字书写文章。

第二，避免使用外来语。

第三，表达方式要具有临场感。

第四，精简语句。

第五，留有余韵。

第六，重复强调重要的内容。

第七，不要浮在表面，而要用心讲述。

第八，不要试图说服读者（不要以讲道理的方式推进话题）。

第九，不要自我满足。

第十，为某一个人写作。

当思考自己写的文章是否涵盖了这十个项目时，我发现无论拥有多么丰富的经验，写文章依然是件难事。

这是因为在人的一生中，我们总是一边面对内心的成长，一边一步一步地前进。对我们而言，每天遇见的事物都是全新的知识，而每当我们遇见新的事物，就会获得新的认识。

我常常思考如何用文字这种符号来表现思想。每当犹豫不前时，就会回归到原点——"实用文十训"。

每天，我至少会在办公室写五到十封信。其中包括他人的委托，也包括回礼。无论如何，我写的信都是商务信函，我总是会在写信时牢记一件事情——那便是将所有的信都当作情书来写。

换言之，我会将每封信当作写给某个特定的人。此外，相比使用华丽的辞藻，我会花更多心思用来替对方着想。

我绝对不会追求写作技巧。追求文笔的情书实在是太无趣了。

到目前为止，在读过的文章中，我最喜欢的是野口英世的母亲写给他的信。

野口英世为了学医而远赴美国，独自留在乡下的母亲野口鹿孤独难耐，因此打算给儿子写封信，让儿子早日归来。

但是，野口鹿女士没有上过学，完全不会写字，为了实现给儿子写信的愿望，她请村里唯一会写字的人教她。

信中的文字比现在小学生的更难看，语法句子更是充满了错误，但是我们可以读到她担忧独自在外求学的儿子，并热切盼望儿子早日归来的心情。无论读上多少遍，我都感动得热泪盈眶。

因此，我总是用"野口鹿的信"作为写文章的参考。尤其是在与法国友人们交谈或是讨论某些事情时，我时常想起信的内容。

信的内容如下所述：

你出人头地了。村子里的父老乡亲很惊讶。我非常开心。

夜里，我去参拜了中田的观音像。

学习是没有尽头的。

乌帽子村，缺钱缺粮食。

等你回来，我才能找借口辩驳。

一到春天，大家都会离开这里，前往北海道。我好害怕。请你速速归来。

我收了钱。不能告诉别人。如若告诉别人，钱就全部分走了。

请速速归来。请速速归来。请速速归来。请速速归来。

这是我这辈子最大的请求。我朝西边拜了拜。

然后朝东边拜了拜。朝北边拜了拜。朝南边拜了拜。

1号，我们会戒盐。

我们请了荣昌大人在1号那天为我们参拜。

无论忘记什么都不能忘记这件事。

看到照片的时候我就收到了。请速速归来。请告诉我你何时归来。

我等待着你的回信。思念令我无法入眠。

———————— **思考要诀** ————————

·最好的文章不是用脑子写的，而是用
心写的。

礼仪和礼貌

用语言表达对人的敬意

"非常抱歉在百忙之中打扰到您，我想向您请教一个问题。"

我突然发现一个问题。每当我去巴黎，必定会以一种比较礼貌的口吻对陌生人说话。但是，这在法国是稀松平常的事情，并且，我感觉每个人都会非常珍惜与对方之间的关系。因此，我会在提问内容的基础上加一句礼貌的询问："请问我能向您请教吗？"当你与法国人交谈某些事情，或是向对方委托某些事情，对方对你非常冷漠或是无视你的时候，或许是因为你的话语之中欠缺这类礼貌的言辞。法国人的一言一行都表现出他们非常重视礼节，无论对方身份地位如何，无论是本国人或是外国人，他们都会非常认真地给予回应。此外，不论我何时拜访法国友人，总是能够体会到他们友善的态度。

法国人对礼节的重视程度远远超出我们日本人的想象。可以说，法国曾经作为欧洲中心的历史促成了这一风俗习惯。

此外，有位法国人指出来一个事实：尽管法国大革命促使过去的君主立宪制转变为共和制，然而直到现在，法国人仍然具有阶级意识。我认为这个事实也说明了这种意识在法国人重视形式美的态度上得到了体现。

无论如何，法国人依然会给予礼貌处事的人同样礼貌的回应。如果你注重法国式礼仪，并且非常礼貌地和法国人搭话，在此之前一直与营业员同事闲聊的高档精品店的店员也会端正姿势，按照接待客户的方式来接待你。

无论是在邮局还是银行，情况都是一样的。当与人交谈，向人询问一些信息，委托他人办事时，我们必须自始至终保持礼貌，在获得有用的信息时，一定要一一道谢。

若是与美国人交谈，我们可以轻松地面带微笑说："抱歉，请问这个地方在哪里？"但若是以相同的态度对待重视礼仪的法国人，那么对方只会给予非常冷淡的回应。

旅居巴黎期间，我常常在街上向警察问路。首先，我一般会这样询问："非常抱歉，能请教您一下吗？"于是，以往看上去非常冷漠的警察立刻像变了个人似的，非常友好且耐心地帮我处理问题。

我想到了他们对我的态度发生180°转变的原因——在面对过许多次冷漠的态度后，我才发现自己询问的方式有问题。

在此之前，我总是以轻松随意的态度向法国人搭话："不好意思，请告诉我怎样去那个地方……"

举个例子，如果我们身在纽约的大街上，情况就完全不同了。只要我们面带笑容，态度和善地向路人打招呼："嗨！打扰一下！"来去匆匆的纽约人一般也会停住脚步，并且友好地回答你的问题。

然而，当我们在法国时，尊敬他人并且使用恰当而礼貌的语言说话，比面带笑容更加重要。相反，笑容有时候会给他人造成失礼的印象，希望大家注意。

当过两届（共十四年）法国总统的弗朗索瓦·密特朗生前几乎从未在公开场合展露过笑容。此外，2012年5月当选总统的尼古拉·萨科齐也是如此。

另外，我们还需要了解一个知识。法国人很少会不必要地微笑。笑容对美国人而言是友好，对日本人而言是中立，但是对法国人而言，有时候会被人理解为污蔑。

我在书中使用的"法国人是——"的表达方式或许本身就不受重视多样性的法国人的待见。并且，对此他们或许会评价"Ca dépend"（我无话可说）。

无论如何，对陌生人展露毫无意义的笑容不

适用于法国社会。通过法国悠久的历史，并且与邻国的各种文化接触后形成的本国文化和社会习俗，导致法国社会中的"笑容文化"与其他国家完全相反。

因此，想要与法国人友好地交往，关键要充分理解这个问题——他们绝非傲慢或是冷漠，不爱笑、重视礼仪等习俗都源于法国人的本性。相反，若是你在巴黎的街上看见面带微笑亲切地找你说话的法国人，请大胆地怀疑对方吧。

—————— 思考要诀 ——————

· 注意尊重所有人并使用礼貌的话语待人。

· 与他人交谈时请务必礼貌用词。当你得到回应时，别忘了向对方道谢。

遵守一定的社会规则

法国商人非常重视灵活的思维和创造性，这常常令我非常感动。从身边人提出的想法中找到自己认为不错的点子时，我会立刻采用。根据不同情况，人们会积极地接受新的事物。这种上进心很常见。因此，我是真的非常愿意倾听他人的意见。

我有一位在法国创办生活杂志的男性朋友。他很少露出笑容，给人一种冷冰冰的感觉，但是经常拜托我对他创办的杂志提出感想和意见。

于是，我会尽力回答他的问题，提出自己的感想和全新的想法。即使我的意见是否定的，他也会采用他认为不错的意见。

根据我态度的好坏，对方有时也会表现得比较冷淡，但是不能仅凭对方的态度来判断一切。

我认为，他的身上具有一种欲望：绝不满足于现状，而是通过不停地回顾自己制作的作品，时而摧毁过去的作品来尽力提升自己。

被称为"Cool Japan"的日本动画和漫画得到了法国各个阶层人民的支持，并且获得了共鸣。或许这是因为法国人在无意识之中认为引进新的文化能够创造未来。

此外，在法国，纯粹参与创造文化价值的人——艺术家和创意家——往往会受到高度评价。

上述创办杂志的法国友人也是如此。不要仅凭他冷淡的处事态度来判断这个人，而是在充分理解他本人的基础上进行沟通，缩短距离感，培养比较亲密的人际关系。

法国人不喜欢自来熟。他们会用正式的态度接触对方，随着对对方的理解加深，虽然每个人的距离感存在着一定的差异，但基本上会对亲密联系自己的人敞开心扉，并深入接触。

从某种意义上来看，或许可以说法国人对人类心理观察得非常到位。正因为他们拥有这样的个性，才能生产出带有讽刺味道的文学和电影等作品吧。

重视自由主义的法国人将自由当作一切的前提，并保持着必须遵守一定纪律和义务的态度。

总而言之，法国人所认为的自由和日本人认为的自由性质完全不同，法国人十分认同自由伴随着代价。

归根结底，我认为，法国人所认为的"自由"并非"一切都行得通"，而是要保持言行得体，重视一定的纪律，才能获得自由。

———————— **思考要诀** ————————

· 对我们而言，关键是要拥有这样的积极性：绝不满足于现状，不停地回顾自己制作的作品，并尽力提升自己。

· 真正自由的思想是在"纪律与义务"的前提下诞生的。

掌握法语，提高文化教养

例如背诵法语诗歌

与法国友人交谈或是辩论的过程中，我会思考如何才能感情丰富地，运用他们重视的逻辑性，慢慢从倾听者的内部进入他们的话题之中。

"传达"的能力与写文章的能力息息相关。将自己的所思所想传达给对方，接收对方传回的信息，即通过交换思想，促使对话成立。

在学习母语以外的语言时，我们需要理解自己想到的事情，得出能够表达出来的普遍规则，并且必须使用身边人的说话方式来表达自己的想法。最为理想的方式是去说某个国家或地区的语言，充分利用自己的口、耳、眼睛，不断地"多说，多听，多看（观察）"。据说这是将语言系统导入大脑必需的条件。

和每周上一次英语课一样，我每周都会利用晨间一小时来上法语私教课。我主要学习会话，上课过程中不使用任何教材。

那位法语老师是一位比我年纪大的法国女性，是朋友介绍给我的。老师让我不使用字典，直接与她交谈，因此在她毫无保留地与我交谈的过程中，我会努力思考自己知道的法语单词，尽力回应她的话。然后，老师会当场仔细纠正我话里面的错误。

我现在还处于初级阶段，因此老师在帮助我习得问候语和法语的固定句型，以及在日常交流中使用得比较频繁的基本表达方式等，促进我能够自由使用这些语言技能。

如果你已经完全能够在日常对话中应用这些基础知识，已经达到了"能说法语"的水平，此时，你应该了解一些与文化相关的话题，以便在交谈中切换谈话的内容。

由于那位法语老师不会说日语，所以老师会在用法语授课的同时用英语为我解释一些问题。这位老师的授课方式让人容易接受，因此我总是学得很开心。虽然这种私教比一般的私人课程更贵，但我认为这是非常值得的。

私人课程是否比语言学校更有效，归根结底取决于个人。但是，如果你有明确目的，那么最好一开始就花时间集中上私人课程。从结果上来看，可以确保充足的时间，学得比较扎实。

不过，我学习法语的契机其实微不足道。

只是因为碰巧结识了同龄的法国友人。但是，仅凭这样的动机或许很难持续学习。

为此，我必须增加自己内心的动力。任何人都会思考"为什么我要学习法语呢"，但是我会在此基础上进一步思考我具体要如何利用法语，我认为这才是让我快乐学习、充满趣味地继续学习的秘诀。

如果你设定了中长期目标，并为了完成目标而努力保持较高的积极性，那么即使只记住了一个单词，也会令人无比兴奋。

在与法国朋友交谈的过程中，我们会就彼此的意见进行辩论，从而建立更加亲密的人际关系。我会用法语写诗或是随笔，整理成册；会去法国当地的烹饪学校学习。

不妨像这样，更加具体地设定高一层的目标吧。然后，在此基础上，除了大致学习语法的基础知识和重要的表达方式，最好再去思考自己想要加深哪些知识。

例如法国的孩子会在幼儿园里学习，背诵各种诗歌。通过在日常生活中接触诗歌，孩子们就能学会具有韵律的法语诗歌的美妙语感和节奏感，并且珍惜法语的词语。

此外，在小学里，老师会要求学生从夏尔·皮埃尔·波德莱尔和贾克·普维等著名诗人的作品中挑选自己喜欢的诗，并充满感情地背诵。在与法国朋友交谈的过程中，每当我不经意说出一句波德莱尔的美妙诗句，朋友总会感到欣喜。

贾克·普维也是法国人非常喜爱的一位诗人。若是我说"我喜欢贾克·普维的作品"，那么法国友人会立刻非常欣喜地问我："你读过他的哪些作品？"

因此，一个人若是没有比较深厚的知识，就无法轻易说自己喜欢普维。

但是，我认为若是为了学习法语，读一读、背一背普维的诗歌也是不错的学习方式。并且，在与法国朋友交谈的过程中，偶尔用法语诵上几句诗歌岂不是给自己增光添彩！

《法国名诗选》（安藤元雄、入泽康夫、涉泽孝辅编，岩波文库）是一本非常易读的诗集，形式为外语原文和日语译文的对照。不妨从中找出自己喜欢的诗人的作品，尝试背诵吧。

我认为在法国，无论是电影还是音乐，总是让人觉得充满文学氛围。法国的电影和音乐不像日本一样被定义为娱乐。法国的文艺作品充满了永恒的主题——生与死。

最近，我发现NHK（日本放送协会）的广播课程比过去更有趣了，这令我非常惊讶。其中有以戈达尔的电影为题材的课程，我认为将这类知识导入初中的语言学习是非常好的。教科书也富含视觉元素，更便于学生听课。

运用YouTube观看各种法国的视频，其间检查法语发音也是一个愉快的学习方法。我认为，我们可以一边学习法语，一边浏览法国的音乐、电影、美术等作品，掌握文化内涵。

作为法语学习的一环，我还想推荐大家运用法语版法式料理书来学习法语。书中出现的单词相似性高，文章言简意赅，容易理解。总而言之，烹饪书的文章都是用命令式（法语的一种语式，表示命令或请求）写的，比较容易理解。

· 学习一门外语时，最重要的一个步骤
是设置好"自己的目的"。

通过玩词语连环画来掌握写文章的能力

或许有的人会认为在学习法语之前应该先锻炼日语的写作能力，结果迟迟没有开始学习法语。但是，我提出的方法非常简单，任何人都能实践。

小时候，所有人都有制作连环画的经历吧。准备几张白色的图画纸，在正面用蜡笔或彩色铅笔绘制图画，然后在背面写故事。

完成以后，我们会在小伙伴面前翻开一张张内文，先是"很久很久以前，在一个地方"，下一张是"有一位老爷爷和一位老奶奶"……大家还记得吗？

通过同样的诀窍，将自己想要"传达给对方的话"在几张小小的便笺上写下来，便是我原创的词语连环画。

通过这项工作，我将脑中想要传达给他人的

话语就组织起来了，因此非常适合锻炼逻辑思维，同时还能提高写文章的能力。

我将想传达给他人的事情分为"开始""途中""结局"三个章节。在这个步骤中最关键的是要尽量减少在一张便笺上的文字量，将一部分想说的事情用简短精悍的句子写在第一张便笺上，然后按照同样的方法在第二张便笺上继续写。

通过这样的方法，使用几张便笺写完"开始"的故事，然后依次撰写"中途"和"结尾"的故事。

由此完成三个故事后，将所有的便笺摆放在桌子上整理。此时，将最后撰写的"结尾"的故事放在最前面，按照"结尾""开始""中途"，或是"结尾""中途""开始"的组合来改变顺序，以便确保形成一个宏大的故事。

之后，将词语"连环画"以有趣的方式传达给对方，培养交流能力。或许可以将已经完成的日语连环画通过查词典来翻译成法语。若是每张绘图纸上只写上几行简短的句子，那么慢慢地翻译这种连环画应该不成问题。

如果你正在上法语私教课，那么不妨使用这种词语连环画来与法国老师交流。若是在法语的译文中标上英文，则能使连环话剧变得更方便学习。

当你能够熟练地通过连环话剧制作"开始""中途""结尾"三部作品时，不要直接使用便笺，而是尝试在自己脑中制作连环话剧。

如此一来，当自己想向对方传达某件事情时，就会条件反射性地在脑中描绘一部连环话剧。此外，尝试将自己想传达的事情分为"开始""中途""结尾"，就能进一步提高交流的能力。

交流能力的基础是写作能力——请不要忘记这个问题，尝试一番吧。

· 语言学习的基础是通过"连环画"来提高写作能力。

· 通过词语"连环画"来创作"开始""中途""结尾"三部作品,逐步培养交流能力。

第三部分
"你好"之章

从客家文化中
学习一个人应该遵守的规则

思考"作为一个人该怎样活下去"

学习人类学，逐步改变自己的人生

原本，中国的"做学问"意味着学习人类学。

当K先生对我说这番话时，我恍然大悟。我本身在自学老庄思想和孔子的教诲，并且熟读相关书籍，因此老早以前就在探求它们的本质。

在中国，学习作为一个人应该如何生活，如何避免争端，在漫长的岁月中一直是一门重要的学问。

举个例子，众所周知，流淌于中国社会的老子和庄子思想对现代欧洲思想产生了重大的影响。

亨利·柏格森于1859年出生于巴黎。他最初歌颂现代科学的传统，并立志涉足数学和物理学领域。尽管如此，他最终还是从科学转向了哲学。或许这是为了将"所有现实都是时间和连续，生成和变化"的道理传播到世界上吧。

并且，在现代科学的发展中，数学和机械学占优势地位。此外，需求的增长刺激了工业与物理学之间的相互作用。结果，科学成为哲学的样本，与现代欧洲的潮流处于势均力敌的状态。

瑞士心理学家荣格分析道，"中国人的意识包罗万象"。然而，即使包含着这样的意识，在人性的层面上，仍然无法避免与对立事物产生感情和冲突。因此，德国哲学家海德格尔得出了一个结论：先进的行动，意味着从所有行动中解放出来的行为，例如人类针对对立事物提出的谋策。

这就意味着必须回归老子所说的"道"之本源，即所有生物在诞生以前的原始状态，一个人的人生达到了某种状态。换言之，我认为可以用"在下意识地生活中达到成就"来表达这个思想。

我们真正应该重视的不是对富足物质生活的追求。我知道，一定有不少读者会提出反对意见，例如"这种道理我明白得很""这是有钱人主张的道理"。

对于一个深切明白穷困潦倒的苦恼的人而言，想尽一切办法使自己能生活下去便是他能够做的所有，除此以外的事情只要不犯法就无所谓。这种想法非常自然。但是，没有作为人类的自豪感。说到底，只要不去看那些非必需的刺激欲望的事物，我们的内心就不会被搅乱。即使身处混乱的黑暗之中，我们是否也必须鼓起勇气去追寻那一线光芒，一边摸索一边前进呢？我认为我们应该稍微停下来思考一会儿了。

我想重申一遍，对于个人而言，关键是要学习中国古代的智慧，成为一个具有人格魅力的博学多识的人。这些珍贵的智慧一定会在全球化的工作中，或是在我们漫长的人生中为我们应对变化提供动力。

· 让我们坦率地学习——我们应该从中
  国古代思想中学习智慧。

建立良好人际关系的十条规则

"请问中国人有哪些优点值得我们日本人了解和学习呢？"

当我向K先生提问时，他列举了以下几条。

首先，"家"是最重要的，是中国传统的一种价值观。

其次，三思而后行。此处关键的是通过认真思考和积极行动来消除错误。绝对不要先行动后思考。

再次，学习"人类学"。许多人坚信只要通过拼死努力就能改变自己的人生，因而非常努力地生活。

一个出生于贫穷家庭的人，一旦在商业领域取得成功，就不会放弃曾经决定的目标，并会不断努力推进自己的事业。这种人身上充满了不成功则成仁的气概。当然，K先生似乎也不例外。

接下来是保持适当距离，处理人际关系。中

国有建立良好人际关系的十条准则，据说许多成功人士都实践了这些准则。下面，让我简单地向大家说明这十条准则吧。

一、即使没有要办的事情，也要偶尔去拜访他人。

二、时不时地给亲密的人送上一件精心挑选的礼物。

三、通过信件或是手机短信经常与他人保持联系。

四、有空尽量多去见见亲朋好友。

五、尽量参加聚会或集会。

六、一定要出席婚礼和葬礼等重要场合。

七、如果他人发生了事故，即使牺牲自己也要提供帮助。

八、最大限度善用彼此的优点。

九、永远不要说别人的坏话。

十、将朋友放在第一位。

除了这十条准则以外，中国各地的人民还非常重视语言措辞。中国人本身就比我们日本人更注重礼貌的措辞。

要善待他人，并且要细致入微地关照他人。

总而言之，中国人的优点就在于具有浓厚的人情味。除此之外，中国人喜爱讲笑话，平易近人，和蔼可亲。

实际上，中国人喜爱聊天，特别喜欢开玩笑，因此经常会说类似双关语的玩笑话。此外，我认为中国人非常豪爽。他们喜欢做愉快的事情，喜欢享受美食，尽情玩乐。

这并非意味着他们奢侈，而是因为他们喜欢通过"玩乐"享受赚来的金钱，将大方豪爽的姿态展露得淋漓尽致。

———— **思考要诀** ————

· 中国人对自己国家的历史感到自豪，
  了解他们的民族特性。

· 学习中国人的能量和阳光般的自信。

学习客家人的智慧

和善可亲是在生意场上获得成功的条件

同我比较要好的K先生祖先为客家人，而客家又属于汉族一个分支下的民系。说起客家，不仅是在中国社会，甚至在新加坡、泰国和印度尼西亚等华侨较多的国家也拥有着强大的网络，并且诞生了许许多多优秀的商人。

K先生来自上海。但是大部分的客家人都居住在广东省、福建省、江西省的山区，其中福建省一部分客家人居住的"福建土楼"在2008年被指定为联合国教科文组织世界遗产。

由于我对客家的知识特别感兴趣，多年前开

始就向K先生请教了许多问题，其中有一个问题便是经商成功的条件。

这个条件便是"和善可亲"。即使一个人头脑非常聪明，也不要在别人面前显摆。反而是要经常说说玩笑话，让其他人感觉你脑子似乎"缺了根筋"。

总而言之，给对方一种"这个人有点憨"的印象，就能在中国受到他人喜欢。一个人若是不受人喜欢，就无法在生意场上获得成功，因此客家人的做法就是隐藏自己的聪明机智。这意味着不要展露自己的美德以及深厚的知识。

虽然有些细微的差别，但是不外露财富也是受人喜爱的一个要点。

K先生曾对我说过"不要把自己的钱包掏出来给别人看"。总之，这意味着不要让别人知道自己有多少钱。因此，在购物或是吃饭后付钱的时候，也不要让别人认为你很有钱。

可以说，将"和善可亲"当作经商成功的条件是客家人尽量避开风头、生存下来的独有的智慧。并且，客家人深刻了解做人的原则：一个人要支持他喜欢的人，希望喜欢的人获得幸福。

人类的本性驱使着一个人尊敬聪明的人，但同时会怀有警惕心。这是因为聪明的人会干坏事，相反，愚蠢的人根本想不到那些坏点子。此外，有的人会产生一些邪念，比如嫉妒比自己经济能力强的人，有时候甚至发展至恶意和憎恨，恨不得钻空子夺取他人的财富。

客家人有一句谚语：好马被人骑。好马是指拥有才能的人，一个人越是才华横溢就越受人重用。另外还有一句谚语紧接其后：人善被人欺。因此，这个教诲的意思是教导我们借用有才之人、优秀人士的能力获得成功。

"控制方和被控制方"——这样思考的话多少会令人产生恐惧心理。客家人之间，尤其是亲戚之间有着非常深厚的关系。一代代客家人居住在圆楼或方楼等集体住宅中，并且每个房间都没有配备门锁。

相信一个人意味着自行担负起由"信任"而

产生的一切后果。话虽如此，虽然不必怀疑所有人都是坏人，但是在全球化浪潮推进的过程中，我认为即使在日本国内，也要比以往更加谨慎地选择信任他人。

经商时尤其重要的是一个人要与可靠的伙伴巩固周围的环境。话虽如此，有时候一个人也会被他信任的心腹背叛。背叛你的人常常不是陌生人，而是自己人。K先生教导我，做生意就必须做好这样的心理准备。这便是我铭刻在心的道理。

--------- **思考要诀** ---------

· "偶尔表现出自己仿佛少了一根筋""不要向别人露富"，学习客家人的经商之术。

· 学习客家人通过"不露富，不显摆智慧"而获取成功的态度。

三思而后行

K先生还说过"思考要展开什么样的行动本来就会花费很多时间",这也是在生意场上获取成功的人应该具备的条件。一旦开始做事,思考的时间就会越来越少。因此,获取成功的关键就是要预测事情发展的方向,并根据情况实施战略。

可以这样理解,成功或失败取决于一个人是否能预测到局势的发展情况。若是有勇无谋,仅仅通过不停地驱使身体来工作,无法看见成功的曙光。有时候可以通过谨慎思考来创造财富。最重要的事情是生产创意和制订计划,思考全新的想法,灵活转动大脑。然后,将你的创意交给一位优秀且值得信任的人吧。

话虽如此,全盘交给他人还是不可取的。为了避免在不知情的情况下陷入被操控的状态,最基本的做法就是不要懈怠,主动管理。

此外，K先生还将"珍惜大义名分"添加至条件之中。总之，我想说的是，我们必须捋清自己正在做的事情或是今后将要做的事情究竟是为了什么，也就是需要一个冠冕堂皇的理由。

例如，客家人认为的大义名分是指让自己身边的人获得幸福。通过逐步给身边人带来富足的生活，从而让自己也获得幸福。换句话说，使自己变得幸福的方法，意味着使包括自己在内的身边的人获得幸福。一个人若是拥有"使身边的人们获得幸福"的大义名分，那么一定会有人出手相助，因此关键是要扩大自己的声望。

K先生还让我将"没有做好准备的话，幸运也会变成风险"铭刻在心。换句话说，无论做任何事情都应该做好充分的准备。若是没有做好准备，即使机会来临，机会也会变成这个人的风险。

与这个客家教诲相近的语句是"乘机行事"。这意味着等待时机，抓住好机会行动，即君子待机而行，学习才艺才能走向成功。

这就是我们要珍惜时间，不能被时间赶上，

必须自己管理时间的重要性。因此，我会在年初制订一年的规划，然后将一年按照三个月划分为四个区间，设定每个区间的目标。接下来，将眼前三个月工作的日程安排牢牢记在脑中。

此外，我非常认真地按天制作时间表。这样一来，我就能最大限度地避免在无意识之中浪费空闲时间，从而努力成为被时间眷顾的人。

除此以外，K先生还教会我"约定越小就越应该认真遵守"的道理。不言而喻，这个道理与守时息息相关。

任何人都会遵守重要的约定。但是，通过严格遵守容易被人忽视的小约定，就能被人信任，从而建立起信任关系。这个约定对自己来说可能无足挂齿，但是或许对对方来说并非如此。我们要站在对方的立场上，诚实地遵守小小的约定。

· 从客家的教诲中学习一个道理：通过
  让周围的人获得富足的生活，自己也
  能获得幸福。

· 领会一个道理：如果不做好充分的准
  备，那么幸运也有可能变成风险。

幸福的核心存在于信赖之中

客家的哲学：珍惜家人，尊敬祖先

客家人特别珍视家人，尊敬自己的祖先，可以说这是根植于中国自古以来的敬重祖先的文化。同时，我重新认识到了客家的一个教诲：正因为自己的祖先代代积德，我们今天才能过上幸福的生活，因此必须对此表示感谢。

K先生说，客家人的祖先克服了许许多多的困难，在动荡的乱世中得以幸存下来。若是没有祖先们的辛勤劳作，就没有现在的我们。这就是我们常常对祖先满怀感激之情的原因。客家人认为不信任、不尊重家人和祖先的人不可能真正获得成功。正因为祖先为我们积了德，我们现在才能获得和平幸福的生活，因此我们需要向祖先表示感谢。

客家人的思维方式引起了我的共鸣，于是我将每年六次扫墓当作我们全家人非常重要的活动。我们每年都会分别去我和妻子两家已故亲人的墓地祭拜三次。每次，我们都会一大早出发，这无疑是需要花费一天的大工程，但是这十年以来，我们几乎没有漏过一次。此外，我将自己祖父的照片放在家里的架子上，每天早晨都会双手合掌与祖父打招呼。对于我们日本人每天都能过着幸福的生活，至少现在还能为社会所用，我始终想要向自己的祖辈表达感激之情。

此外，K先生还教导我应该掌握更好的花钱方法。

K先生说："要让钱动起来。"

每天都要主动让你的钱动起来。换句话说，就是要把钱花到位。可以为社会投资，或是为能够在未来获得某种经历而投资。这种思维方式意味着你的金钱总有一天一定能变成更好的东西回到你手上。因此，我认为仅仅是为了眼前利益或是满足自我欲望而花钱，不能被称为投资。

在经商的过程中，我们可以通过充分研究社会趋势的变化和新的流行，从而在一定程度上做出长期的预测。然后，在此基础上思考商机藏在哪里，并花钱投资。这就是所谓客家人所说的"让钱动起来"的状态。

无论如何，金钱属于社会，绝对不属于私有物品。若是仅仅存在自己手里，那么就如同筑起了一座水坝，无法用于金钱本身的用途。为了不阻止金钱流动，同时再次将金钱返回给社会，我们就需要学习许多明智的用钱方法。

──────── 思考要诀 ────────

· 学习中国的教诲：因为有祖先的辛勤劳动，所以我们每天才能幸福地生活。

· 为了人民和社会，每天保持金钱发挥作用的状态。

"运气"是指人搬运过来的东西

中国人特别相信"运气",或许是因为"运气"无法用现代科学来解释吧。但是实际上,我认为运气也是一种能力。

K先生常常说:"运气是指人搬运过来的东西"。他给我提了一个建议,如果我有五十位好友或是伙伴,他们一定会给我带来运气,所以一定要尽可能地好好对待他们。

并且,我珍视"运气是由自己建立的"信念。我认为,与五十位好友或伙伴的相逢,也是因为彼此之间存在着某些缘分。但是,在遇到一个人之后,能否与对方结为交心的朋友,就取决于自己了。

对我来说,我并不需要五十个朋友或是伙伴,我认为一辈子能有十位密友陪伴就足够了。只要彼此交心,这十位朋友就能带给我运气。

通过他们在某些时候介绍的我所需要的人，我就能逐步建立牢固的人脉。也可以说"运气源自相逢"。因此，我们绝对不可能通过在聚会等多人聚集的场合分发名片来建立人脉。

如果一个人每天努力完成自己的工作，安排自我投资的时间，不断坚持学习，那么他不会有太多时间与太多人频繁地加深长久持续的感情。

相反，将时间全部花费在分发名片上的人才不值得信任。这种人不会好好完成该做的工作，总认为"天上会掉馅饼"。若是将这种行为也列为"与人保持接触"，就有点过于肯定这种行为了。但是，如果你在选择交际对象时走错了一步，或许就会面临风险，因此我们必须慎重交友。

简而言之，人脉是指你能够信任的一种关系。如果对方是你通过互相信任而结交的对象，就能心情愉快地与对方一起工作。只需要一起工作一次，就能知道对方是否值得你信任。不论信任程度如何，都包含着尊敬的想法。

若是一个人没有人脉，就无法开展工作，因此我们都需要彼此能够互相信任的关系。我认为这种人际关系与密友关系的定义完全不同。

有一次，K先生问我："你今后想发展哪种业务？"当然，我现在还有许多工作要做，没怎么考虑过要开展哪些新业务。当我将我的想法直接告诉他时，他回复道："我知道了。但是，如果你想发展新业务，一定会烦恼该做什么比较好，所以我想给你一个建议：去做一些能够让全世界人民都感到快乐，能够使许许多多的人获得幸福的事吧。并且，你的业务必须能够为你获取较高的利润率。"

较高的利润率，并不需要依靠投资金额的多少来决定，比如十日元一个的仙贝也可以。总之就是要找到能够产生高额利润的工作。例如，房地产的交易额非常高，动辄几亿日元，但是在很多情况下，它的利润率并不高。我经过反复思考，得出了一个结论：不要重视业务规模，即使一个业务的规模比较小，只要利润率高，那么风险就比较低，实际上也能够提高利润。

实际上，客家人基本上都是从经营饺子店之

类的餐馆开启业务的。尽管客家人非常富裕，但是几乎不会露富。或许是因为客家人会将生意托付给值得信任的优秀伙伴。

客家人K先生在台湾也有活动据点，并且非常擅长说台湾方言。他不仅能说一口流利的英语，法语也非常熟练，并且特别会挑选合适的时机赠礼，实在是一位具有一流企业家资质的人。

据K先生所说，日本人非常优秀、勤奋，从不撒谎。因此，日本人非常值得信任。从这个意义上来看，我认为我们日本人应该很自信地活跃在世界的舞台上。

"即使时代变迁，客家的哲学也会为当代的人们发挥作用。"正如K先生所说的那样，现在对我而言，通过沉浸思考，不断积累，就能逐步踏实地将一些知识变成自己的东西。或许通过将这种方式获得的知识与我自身的经验重叠起来，结果能够产生无比广阔的想法。

一个人不认真仔细地观察，不竖起耳朵聆听，那么这个人就会看不见任何东西，听不见任何声音。并且，不牢牢抓住知识，最终什么都抓不住。知识是无形的、无法追究的，但是它们会混合而成为一个物体，通过直接理解它的状态，就能认识到原始。我认为，客家的教诲也可以指"无形"的哲学。

要想获得成功，关键就是要互相切磋，并以无形的哲学作为线索，从而探索到一条具体的"道路"。

—————— 思考要诀 ——————

· 了解一个道理：伴你一生的"十位"
  朋友会带给你运气。
· 学习"客家哲学"的普遍性，坚持
  "谨慎思考"。

学习中文的技巧

用汉语阅读村上春树老师的小说

我想用中文和中国友人尽情地谈天说地。这个想法促使我开始上中文私教课。每周一次，从早晨7点到8点，我会将头脑的开关从日语切换到中文。

我有许多朋友住在上海和台湾，他们理所当然说着上海方言和台湾方言。虽然我想用他们的方言交流，但是作为中文初学者，我认为应该先打好中文的"普通话"基础，因此我首先开始学习普通话。

众所周知，普通话制定了语音、词汇、语

法的规则，首先，普通话的发音是以北京话为标准的。

虽说是以北京话为标准，但普通话的发音与世世代代在北京生活的"老北京"的发音不同。从这个意义上来看，可以说普通话的发音是由人加工而成的。

此外，普通话的词汇是以比北京话更为普及的北方方言为基础的。北方方言在长江以北使用较广，长江以南主要使用地区为：从镇江到九江为止的长江沿岸地区、四川、云南、贵州的汉族居住地区，湖北省大部分地区，广西壮族自治区西北部，湖南省西北部等。但是，具有强烈地区特色的北方语言不包含在内。

普通话的语法是以典范的白话文著作为标准。简单来说，白话是指接近口语的书面用语。

在中国，有以下七大方言：北方方言、吴方言、湘方言、赣方言、客家方言、闽方言和粤方言。其中最受瞩目的是吴方言类别下的上海方言和粤方言类别下的广东话。

近年来，随着上海的飞速发展，上海已经有

了一种类似于地位的含义。此外，广东话在外国的华人社会里被定义为一种重要的方言，为许多华侨使用。

因此，尽可能地多学一些上海话和广东话，或许能成为与上海人和华侨在业务联系上的积极因素。普通话和上海话的最大的区别在于，上海话没有翘舌音（zh、ch、sh、r）。翘舌音听起来像是用舌尖在牙龈突出部位发出的声音，但是很难发出想象中的音。据说上海人很不擅长发普通话的翘舌音。此外，普通话有四个声调，但上海话有五个声调，发音与普通话有很大的区别。

实际上，广东话有九种声调，残留着许多古汉语词汇，因此这种方言在语法上也有许多与普通话不同的地方。

无论如何，只要先完全掌握普通话的语法和词汇，然后逐步学习地域性的词汇，就有理解方言的可能性。

学习中文和其他语言一样，需要多说，多听，多观察。扎实地学习语法和词汇，不要在私教课中过于在意自己的发音，要不停地说话。

教我中文的老师会不停地给我指出问题，有时候会在授课之后通过邮件等方式告诉我语法错误。在接受私教课的同时，我总是会看NHK《看电视学中文》节目的录像，这种学习方式令我受益匪浅。

此外，我也会读我的中文版译著。接下来，我想挑战阅读村上春树的中文版小说。其中，我比较想读林少华老师翻译的《挪威的森林》《海边的卡夫卡》等。

另外，我想推荐一本中文教材，是相原茂老师的《汉语入门》。在"基础语法"一章中，所有文字都只有拼音的标记，因此读者无须借助片假名就能学会基础。这本书还在中国荣获了"国际汉语教材奖"。

只要坚持学习中文，终有一天你的发音和基本语句的使用能力都会变得很好。希望各位想学汉语的读者都坚信这个道理，集中精力和时间学习。

—————— **思考要诀** ——————

· 要学习中文，首先就要努力学习普通
  话的语法和词汇。

· 理解中文的起源，并按照适合自己的
  方式来学习。

结语

成为有更广阔的视野的人

抓住机会的瞬间

无论在哪个时代，能够带着统帅团体的知性和热情，自信、负责任地采取行动且不惧危险的人，都能够获得身边人的尊重，并且能针对各种各样的冲突制定解决方案，逐步发挥卓越的领导才能。

当然，能够运用洞察力来应对不确定性，并根据预测未来的逻辑洞察力决定采取怎样行动的能力是不可或缺的。

到了现代，领导才能的意义不仅是指一个人的地位，还意味着每一个组成社会和组织的人在无从依靠的时候，主动联系身边人，逐步推动与他人的协作，并且，被定义为达成目的的一种手段。

在未来，我认为这样的领导才能将会越来越受到重视。例如，当你为了达到某种商业目的而主动带头组建团队时，领导才能则会变得不可或缺。

此时，我们应该好好思考，我们究竟能给主动组建团队的人创造怎样的价值。

在当下全球化的时代，团队成员不仅限于日本人，也可能包含其他国籍的人士，由来自世界各地的人共同组成混合团队。我认为在这样的团队中做选择会非常有趣，并且能够磨炼出丰富的商业意识。

但是，要让他们成为团队的一员参与项目，首先就有必要提出凝聚团队、让人方向一致的计划，并努力共享一个清晰的愿景和目标设定。此时，如果你对自己内心深处的想法没有足够的了解，那么将无法发挥领导才能。

为此，关键是要发挥想象力，考虑自己的立场，并进一步了解对方。但是，我认为不是要给对方一个问题并观察他的反应，也不是以结果来推测，而是应该主动敞开自己的心扉，思考自己能给对方提供什么。

然后你需要思考一个问题，为了敞开心扉，应该以何种方式重视对方，自己会被对方的哪些地方吸引，自己能从中获得哪些快乐和满足。

一般来说，三十五到四十四岁是人类学习较多知识的时期，很多时候需要花费大量精力在指定的工作范围内取得一些成果。正因如此，处于这一阶段的人才能够得到亲自发挥领导才能的机会。

我认为这种机会非常重要。这是因为，我们在做这些事情的时候，需要勇气和决心去挑战风险。发挥领导才能的同时伴随着责任。自己能否充分接受责任，将会成为一个人是否能更上一层楼的转折点。

是否能抓住机会真的是一瞬间的事情。如果你面对机遇犹豫不决，那么将会在一刹那失去千

载难逢的机遇，因此我认为这时候会考验你迅速
采取行动并做出决策的能力。

 思考要诀

· 在全球化时代，与跨国人士合作的机
会将越来越多。因此，领导才能不可
或缺。

· 为了发挥领导才能，请注意要用内心
而不是头脑来锻炼想象力并亲自打动
对方。

创意和知识的积累孕育"即答力"

这是二十多年前的事情了。我前面说过,我曾经在美国受到一位美国企业家的支持,因而为现在的事业打下了基础。在美国,充满了象征美国开拓精神的移民文化,大家互相帮助,向有干劲拼事业的人伸出温暖的援手。但是,并非所有人都能做到这些,因此助人为乐的人仅限于已经获得成功的人。

这是因为他们也曾经居于人下,在经历了许许多多困苦的生活后才获得成功。在这个过程中,他们获得他人的援助,因此促使他们去支持同样有勇气开拓事业的人。可以说,他们就是通过这种方式源源不断地将自己曾经获得的东西还给社会。

但是,援助他人的人在这个过程中也需要承担责任。对于向他人伸出援手的行为,本人必须亲自承担相关的责任。换句话说，对支持他人的人而言也是极其具有意义的一个挑战。也就是说，他们充分理解人们互相促进彼此成长的规则。

最近，我和一位美国的老朋友聊了往事。在谈论各种话题的过程中，他突然向我提出一个问题："你在美国经历了许多事情，也学习了许多知识，那么对你来说，在美国生活下去必需的成功哲学是什么？"

于是，我回答道："我认为是能够当场回答他人问题的能力。"

换句话说，当有人问我"如果你对这个感兴趣，要不要试试看"时，我总是会直截了当地回答"Yes"或"No"。我认为能够获得机遇，是因为我总是第一个举起手回答他人的问题。

无论在过去还是在现在抑或是未来，"即答力"在美国社会一直都被人认可，即答力非常考验一个人的能力。换句话说，要有即答力就必须时刻不断积累想法和知识。如果脑子空空，则不可能迅速给出答案；若不思考清楚就给出回答，反而会导致自己背负巨大的风险。

想要迅速回答他人的问题，就必须有印证这个答案的根据以及对此的理解。这些东西没办法在当场就能想到，需要通过每天孜孜不倦的努力培养。若是不经常从不同角度思考问题并锻炼想象力，在他人提出"你对这个问题怎么看""有个这样的工作，你想尝试吗"等问题时，就无法立刻在自己的脑中组合各种各样的想法，无法迅速回答问题。

在日常学习的时候，最重要的事情是反复思考各种各样的构思，在一定程度上巩固一些计划的构思，同时保持自然的工作状态。

当一位美国朋友问我"你认为在美国生活下去必需的成功哲学是什么"，我回答了"即答力"时，对方对于我的答案表示赞同："没错，正是这样。"

不仅仅是美国，法国和中国也有许多人正在实践"即答力"。不限于商务场合，人们随时都在思考各种各样的想法，并且从早到晚都在互相辩论一些问题，比如"试试这种方法吧""这样做一定会很有意思"。或许这种光景以后在日本也能变得随处可见吧。

　　从现在开始，请做好心理准备，以便随时都能面对眼前发生的事情做出最好的处理。为此，我认为必须时刻提高注意力。在国际社会中，即答力能够帮助我们牢牢抓住从天而降的机遇。

思考要诀

- 为了掌握"即答力"，每天坚持思考，进行锻炼想象力的训练。
- "即答力"是抓住机遇的第一步。

克服环境带来的压力也属于即答力

抽到黑桃A所需的东西

当收到去《生活手帖》担任主编的邀约时，最开始我迅速给了"No"的回答。这是因为这份工作本身让我完全无法预测。并且，我也没有信心做好这份工作。当时，我比现在更不成熟，这就是我一直在一个受到他人重视并且感到安全的环境中生活和工作的原因。当时，我没有勇气离开舒适圈而踏入全新的世界。

但是，《生活手帖》当时的老板大桥镇子老师（已故）与当时担任社长的横山泰子老师对我说："我们通过直觉，感觉你非常适合这份工作。"于是我逐渐被这份热情打动了。促使我下定决心接受这份工作的邀请的原因还有：当我客观地审视自己时，察觉到自己就像"井底之蛙"似的，不愿意从舒适圈走出来。

我在无形之中感觉到，为了承担一份重责，必须从头开始建立人际关系，并且必须根据他人的要求创造出结果。

虽然我对出版行业并非一无所知，但我也没有相关从业经验，在日本具有代表性的老牌杂志社当主编让我备感压力。尽管如此，若是不下定决心从舒适圈那狭窄的世界中走出来，踏上新的旅程，即使遇到相同的机会，我也一定会畏缩不前，拒绝机遇。

此外，我内心还有一种想法，我想和放下地图凭着自己的感觉去陌生的地方旅行一样，为了寻找能够让人获得幸福的方法而不断探索。

实际上，大约在我接受这份工作的三年前，我在自己的书中写下了一句话，间接表明我或许会在三年之后踏上新的冒险旅程。

不仅在出版行业，我通过商务场合认识的许多人都会按照各式各样的想法行动，实际上他们都手握各种信息，暗地里藏着底牌，权衡博弈。不妨拿纸牌来举例吧。运用智谋，让对手抽到鬼牌，制定策略，秘密开展攻防战，并非不能实现。当然，不仅在日本，在全世界都是共通的。

因此，我认为关键不是让对方抽到鬼牌，而是为了让自己抽到黑桃A，事先清晰地表达自己的意见。即使你的目的是避免提供错误的信息或提供错误信息，也要清晰地提出自己的意见。

从某种意义上来说，限制自己手中的牌就等于舍弃一些机会。相反，我认为这意味着自己牢牢地抓住了手中的牌。无论如何，这也是为了坚持对他人负责的立场所采取的必要手段。

此外，我希望能够使用卓越的沟通能力来合理统帅一个真正强大的组织。不仅是我，或许将来大多数的日本人都会被要求做到这一点。为此，常常站在全球化的角度来看问题，创新的机遇就会自然而然地诞生。

· 打破舒适圈的外壳，去全新的世界挑
  战，需要"意见"和"主见"。

· 明确自己的"意见"和"主见"是
  "在全世界工作"的秘诀。

通过"即答"来改变自己的意识

我认为日本人今后需要增强提出主见的能力，主见则需要表达能力。我认为除了语言能力，还需要能够华丽地表达或是暖场的才能。

究其根本，要说表达能力的含义，我认为在写文章时也是一样，不是在表面上模仿就能获得的，而是需要达到一定程度的才能，有时候能够从一个人的生活方式上体现出来。例如，我觉得那些对人生充满热情并且诚实地前进的人，无论面临多么艰难的处境，总体上都拥有丰富的表达能力。

而这种热情和诚实不正是以工作为首的所有事情的引擎，不正是最后一击，不正是决定胜负的办法吗？

总的来说，我身边的朋友们经常说我的表达有些夸张。说起来还真是如此。我在主张自己的信念时，的确会过于夸张地表达。我的意见偶尔也会被认为是豪言壮语，但是能够起到暖场的作用，能够取悦辩论中的倾听者，并且能让大家分享感动。

此外，我还会彻底地潜心研究吸引人的事情，并且完全吸收其中的知识。但是，观察、聆听事物并吸收为自己的东西的能力，实际上多少会给你的表达能力带来一些影响。这或许与恋爱也有相通的部分。

法语中有一种表达方式，"脑子里有一张蜘蛛网"。这句话在以前若是从情侣口中说出来，则是表达"爱到发狂"的意思。实在是独具法国特色的热情表达方式啊。

热情和真诚是包含"干脆、果断"含义在内的表达能力。要掌握这种能力就需要谈判能力。

谈判能力不仅是同外部人员谈判的必要技能，在团队内部的谈判、协调与要求，以及团队内部的沟通中也是必不可少的，对每个人保持愉快的状态至关重要。为此，我们需要能够博取好感的，关注到细节的能力，掌握能够与配合交谈的对象展开对话的能力，并具有当场做出明确决定的能力。

我可以肯定地说，时代已经发生了变化，过去曾经理所当然存在的安全网在逐步被拆除。因此，在安全网被拆除之前，无论在工作或是其他场合中，都应该自己先做好主动拆除安全网的准备，这样是比较明智的做法。总之，我们需要转变思维方式。

即使是活跃在华丽舞台上的人，在背后，每天也会带着组织团队的感觉，敏锐地观察自己内心的迷惘和矛盾，通过自问自答来统一方针。换句话说，他们就是在"速答"。

思考自己究竟是否有成功的机会，在深思熟虑后是否激发了动力，决定了你能否取得成功。接下来，能否从现在的位置上更进一步，则是进一步决定能否成功的分水岭。并且，一个人具有这种意识的程度也决定了他的可能性。

我认为还有一点非常重要，那就是认识到在日常生活中为"速答"准备的地方无处不在。即使是在上班路上的电车里面也存在着无数新鲜的信息，我们应该相信自己从中得到的灵感。

我并非要全盘否定读书和玩手机的意义，但是我常常认为，若是不抓住观察各种市场全新趋势的绝佳机会，简直是浪费时间。

的确，拥挤的车厢是一个让人非常不舒服的空间，但是与其隔绝这种空间，不如调动自己的想象力，譬如尝试想想其他人在思考什么，如果在这里提出意见，这些人会如何回应我呢？尝试思考各种各样的问题，你就会发现这种空间里面也存在着大量激发想象力的机会。或许这不过是想象力训练中的一环，但是我们一定能从中发现某些可以在工作中运用的东西。

像这样，我们的生活中有许多不需要特别花时间制造机会也能学习知识的地方。我认为这种学习方式也能为我们锻炼速答能力打好基础。

· 热情和诚实是开展一份事业所需条件
  的"关键因素"。

不要坚持过去曾经获得过成功的做法

当组建一个以三十多岁的人为中心的项目团队时，即使男性和女性的人数差不多，我也会经常在无意中较多地选择女性，结果导致团队中女性的比例比较高。

我本身并没有特别讲究要男性或是女性。但是，当我逐步挑选精力充沛且拥有强烈危机意识的优秀人才时，结果往往如此。相比男性，女性更能发挥想象力，或许她们更能设想最坏和最好的模式，因此在进行一个项目的过程中具有较高的危机管理能力。

并且，当我提出任何一个问题时，只有女性会立即回答，男性则不会立即回答，而是倾向于在身边人把他们的所有意见提出来以后，才会提出一点点自己的见解。虽然立即回答的答案并不一定正确，但是我高度赞赏能够凭借自己的想法立即做出回应的女性。

在美国的时候，起初我无法顺利地表达自己的意见。但是，有一次我意识到了一个问题：若是不立即回答他人的问题，就得不到装在盒子里的那一份甜甜圈。自那以来，我便再也不在意身边人的反应，做到了用"Yes"或"No"来痛快地给出答案。

或许男性更容易被现有的标准和框架套牢，不敢提出自己的意见。我认为不能一棒子打死所有的男性，但是无论是在职场或是人生的过程中，女性都比男性更加享受自由表达。

这种现象在三十多岁的女性的生活中体现得淋漓尽致。当今的日本女性认为即使结婚以后自然也要继续工作，选择成为一家之主来管理家庭，与伴侣交换任务的女性也在不断增加。

随着日本人与拥有来自不同文化背景的人展开互动，和欧美社会一样，采用全球化思维的越来越多，男女之间的界限已不复存在。我认为完全可以这样对日本社会下定义。

此外，令人欣喜的是，在工作中取得好业绩的人大多是通过跳槽来到一家公司的人。这类人换过多次工作，因此了解各个领域的知识。可以说，这类人始终面向下一个阶段前进，为此不断努力地工作。因此，我认为他们之中有不少人都拥有灵活处理困难的方法，并具有准确判断情况的能力以及较高的实践能力。

"根据时时刻刻变化的情况来改变自身前进的方向"，他们教会了我这种积极的思维方式。

我认为，我们不要坚持以往获得业绩的工作方式，而是要扩大眼界，努力处理事情和人际交往，每个人都要掌握即答力，这样才能获得丰硕的成果。名叫"即答力"的能力不仅在日本行得通，在外国也完全可以适用。我认为，即答力能促使我们产生各种各样的可能性，并且是一种能够发觉人的潜在能力的力量。

未来，让我们与全世界的人一起为了社会而努力工作，共同筑造富足的生活吧。要提高自信心，不断磨炼自己，让自己在"世界"领域中施展拳脚吧。

———————— **思考要诀** ————————

· 在全球化时代，性别、年龄和工龄的界限已不复存在，因此我们必须适应日新月异的环境。

· 要想成为实实在在的全球化居民，就必须持续不断地通过灵活的方式毫不犹豫地做出回应，而不受任何成功经验的束缚。